深圳市综研软科学发展基金会资助项目

中国城市化和特大城市问题再思考

Rethinking China's Urbanization and Metropolis

樊 纲 郭万达 等◎著

中国经济出版社
CHINA ECONOMIC PUBLISHING HOUSE
北 京

图书在版编目（CIP）数据

中国城市化和特大城市问题再思考／樊纲，郭万达等著.
北京：中国经济出版社，2017.5（2024.1重印）
ISBN 978－7－5136－4698－7
Ⅰ.①中… Ⅱ.①樊…②郭… Ⅲ.①城市化—研究—中国②特大城市—发展—研究—中国 Ⅳ.①F299.21

中国版本图书馆 CIP 数据核字（2017）第 085559 号

责任编辑 赵静宜
责任印制 巢新强
封面设计 久品轩

出版发行 中国经济出版社
印 刷 者 大连图腾彩色印刷有限公司
经 销 者 各地新华书店
开　　本 710mm×1000mm 1/16
印　　张 17.5
字　　数 200 千字
版　　次 2017 年 5 月第 1 版
印　　次 2024年 1 月第 2 次
定　　价 78.00 元
广告经营许可证 京西工商广字第 8179 号

中国经济出版社 **网址** www.economyph.com **社址** 北京市东城区安定门外大街 58 号 **邮编** 100011
本版图书如存在印装质量问题，请与本社销售中心联系调换（联系电话：010－57512564）

深圳市综研软科学发展基金会资助项目

课题总负责人：樊　纲

执 行 负 责 人：郭万达

课 题 参 与 者：胡彩梅　黄　睿　刘国宏
陆晓丽　吕元祥　张国平
郑宇劼

调整“城镇化”偏差 明确“城市化”战略

樊 纲

城市化的本质是人的城市化，是人理性自主选择的结果，在工业化和城市化快速发展阶段，人口不断向大城市集聚是基本规律。自改革开放以来，我国一直秉承“控制大城市规模，大力发展中小城市和小城镇”的城镇化发展思路。诚然，从推动城乡协调发展的角度来看，这一具有中国特色的新型城镇化道路发挥了积极的作用。但是，随着我国城市化发展速度的不断加快，城镇化发展思路所引发的深层次问题和矛盾也不断暴露出来。

城市化与城镇化在一定意义上并无差别，都包含着农村人口伴随工业化进程向城市的迁移与集中。作为一种战略提法，“城镇化”与“城市化”的真正差别主要体现在指导思想和政策落脚点上。按照“城镇化”的指导思想，我国一直严格控制大城市规模，限制人口向大城市集中，优先发展中小城市和小城镇，鼓励就地城镇化，以此来防止所谓“大城市病”的发生。但是，这种指导思想却与城市化的基本逻辑和现实进程有所背离。

城市化进程的本质是人的迁移，是人口在空间上的集聚，其基本效果是获得产业聚集和人口聚集所带来的规模效益。而人们在选择如何迁移、向何处迁移时，会进行趋利避害的理性选择，他们所考虑的主要因素包括就业机会、收入水平、生活条件、公共服务等。而在这些方面，大城市具有明显的优势。大城市可以以更为集中的方式提供各类公共基础设施，从而可以集聚大量的产业和企业，形成更专业化的分工，具有显著的集聚效应和规模效应，能够提供更多的就业机会和更高的收入水平。大城市是创新资源最集中、创新人才最密集、创新活动最活跃、创新最易于成功的区域，是创新创业的高地，为经济增长提供不竭的动力（美国绝大多数的创新资源都集中在硅谷、洛杉矶、纽约、西雅图等大都市区）。大城市还能集聚优质的教育、医疗等公共资源，拥有完善的基础设施配套体系，能够提供良好的生活条件和公共服务。大城市具备更加公平的市场竞争环境和通畅的上升通道，能为年轻人提供更多实现梦想的机会。大城市因为人口的集聚，更有利于服务业和文化时尚产业的发展，这成为大城市吸引年轻人的重要因素。正因如此，我们可以看到在城市化早期阶段，无数年轻人都向往到大城市工作和生活，即使蜗居也要留在北京、上海、广州、深圳等一线城市。这些正是我国城市化加速阶段的特征性表现。另外，在垃圾处理和污染防治等方面，大城市也因规模效益的存在而具有明显的优势。

从发达国家的历史经验来看，在工业化和城市化快速发展的阶段，人口不断向大城市集聚。从世界范围来看这种趋势从未停止，特大城市的数量和规模将不断增长，小城市的比重则逐渐降低。1950—2015 年，全球生活在 1000 万以上规模城市的人口占城市人口的比重从 3.2% 提高到

11.9%，生活在100万~500万、50万~100万规模城市的人口所占比重分别提高了3.9%和0.6%，而生活在50万以下规模城市的人口所占比重则下降了7%。1950年全球人口超过500万的特大城市仅有7个，2015年增加到73个。中国的客观趋势也是如此，尽管一直限制人口向大城市集中，但1990—2000年我国城区常住人口在500万以上的特大城市（含超大城市）的数量从2个增加到16个。2009—2014年，全国35个一、二线城市的人口共增加了3778万，其中前15个大城市增加了3010万人，约占80%。

按照“城镇化”的发展思路就产生了一系列问题。首先，人为限制特大城市的发展，总想改变规律而不是顺应规律，设定城市人口调控目标，致使每次制订的城市规划都是“小而又小”，今天定了规划，明天就被现实所突破的事例比比皆是。各种“城市病”在很大程度上其实是因为“逆反规律”而造成的。一方面，特大城市建设用地规模长期过度受限，住房用地供给不足，导致房价高企；另一方面，人口流入规模远超规划预期，城市的基础设施建设和公共服务配置滞后，导致交通拥堵、医疗教育等公共服务短缺，外来人口更难以享受一些基本的公共服务。其次，优先发展中小城市和小城镇不仅不能改变其人口流失的现实情况，反而带来了一系列的新问题。一个基本的原因就是我们总是设想可以到中小城市、小城镇发展产业、创造就业，但由于条件所限，产业发展不起来，无法提供足够的就业岗位，人们不得不到大城市找工作，中小城市和小城镇的人口仍然不断流失。2009—2014年，有完整常住人口统计的232个地级市中，人口减少的城市有85个，占36.6%，共减少1314万人。当前一二线城市和三四线城市房地产市场的两极分化也是“城镇化”发展思路带来的不良后果，“鬼城”“空城”频频出现，房地产去库存压力巨大，有些城市的去库存时间甚至会达到10年以上。另外，优先发展中小城市和小城镇的思路，事实上还导致了生产效率的降低。在新型城镇化建设的过程中，政府不断加大对小城镇的支持力度，导致部分农民工“早退”，这意味着劳动力从生产率高的城市流向生产率低的小城镇，造成生产率的损失。日本在城市化进程中的教训已经证明了这一点。20 世纪 60 年代，日本大量的劳动力转移到大城市，其经济增长率一度达到 10% 以上。1972 年田中角荣提出“日本列岛改造论”，疏解东京、大阪等大城市的人口，把集中于城市的工业向发展落后的日本列岛东北部、西南部转移，充实以 25 万人口为主的地方城市的经济功能，企图创造一批“迷你东京”。该政策成为 20 世纪 70 年代日本生产率趋于下降的重要诱因。

在讨论城市化还是城镇化的问题时，一些人往往援引西方一些国家小城镇大量存在的事实。但是，西方国家与我们有着不同的历史背景。西方国家的城市化进程较为缓慢，大都经历了一两百年的时间。在城市化的初期和中期，西方国家也是大量人口流入大城市、小城镇人口流失，但随着时间的推移，退休人口特别是“带着社会保障收入”的退休人口大批出现，他们这时已经不需要再去追求高收入的就业，往往会选择“退回老宅”或购置别墅，离开拥挤的大城市去小城镇享受田园生活。这些有社保收入的人群回到小城镇，使得小城镇甚至一些村落的基础设施和公共服务不断被完善，生活服务业也得到发展，才使小城镇逐步稳定了下来。与西方国家不同的是，我国同日本、韩国等后发国家在短短几十年时间内进行了快速工业化，在一两代人的时间里主要发生的是人口集聚，而人口回流较少。因此，在这段时间里城市化和大城市化的比率往往会更高。这不是我们做错了，而是发展阶段不同、发展特点不同而已。西方国家小城镇发展的经验表明，小城镇不是没有发展的机会，但不是在城市化早期阶段。我们所处的发展阶段，正是人口从小城镇外迁的时期，此时小城镇要做的不是大搞建设和开发，而是要做好生态环境、传统建筑和历史文化的保护，凸显小城镇的特色和个性，并逐步完善基础设施和公共服务，为城市化后期的人口回流奠定基础。

为进一步提升我国城市化的发展质量，当务之急是放弃“城镇化”的发展思路，确立“城市化”的指导思想。首先，尊重大城市发展和人口流动的客观规律，适时调整战略，放弃“城镇化”的发展思路，确立“城市化”的指导思想，以人的城市化为核心，以特大城市为龙头、以城际交通为纽带，带动城市群、城市带的发展，积极获取城市化所带来的集聚效应与规模效应。其次，放开对特大城市发展的人为限制，以人口流动的客观规律为依据，科学分析预测未来大城市的人口规模，以科学预测的人口规模为基础，规划大城市的基础设施和公共服务，使大城市的发展与人口增长同步，有效防治“大城市病”。通过“转移支付跟人走”等配套政策，保障外来人口享受平等的权利和公共服务。再次，对于大批存在的中小城市和小城镇，在未来相当长的一段时间里的工作重点是生态与文化保护，而不是规模扩张。从政策层面而言，要加快实现社会保障体系的全国统筹，放开城里人到小城镇甚至农村购买房产的限制，逐步鼓励城里富裕的退休人员向小城镇“回流”，加快城市现代化生活方式对小城镇和农村的“辐射”。

Rethinking China's
Urbanization and Metropolis

·第一章· 引　言

Rethinking China's Urbanization and Metropolis

改革开放以来，随着工业化进程的加速，中国的城市化率不断提升，也催生了一批特大城市和超大城市。高速城市化一方面成为经济快速发展的重要推动力，另一方面也出了较为严重的交通拥堵、环境污染、房价高企、公共服务不足等社会问题，许多观点据此认为应该通过行政手段严格限制大城市规模。我们认为，应采取更科学、更理性的视角去看待这一问题。历史已经告诉我们，并不是每个城市都有能力聚集相当规模的人口，一个特大城市的形成与发展，必然是人自由选择的客观结果。任何过度运用行政手段干扰人口的流动趋势，都会破坏这一客观规律，从而阻碍城市化的推进、与经济的增长。“城市病”问题的根本原因并不是人口数量过多，而是由于我国城市化进程速度过快，而是城市规划理念、城市治理能力、公共资源供给模式尚不及调整，因此应积极转变思维，顺应经济发展规律，更多的从“供给端”发动改革。

第 1 节

问题的提出

纵观世界人口迁移与流动的历史可以发现，人口的自我迁移都是在选择更宜居、更适合生存的环境，其中较为突出的规律是人口由内陆地区向沿海地区的迁移；以及人口由农村向城市的迁移。城市化就是人口不断由农村向城市迁移的过程。受生产力发展水平不同的影响，城市化在不同国家出现的时间与速度也有所差异。美国、英国是较早实现城市化的国家。我国在改革开放后，随着工业化进程的加速，城市化率也快速提升。在农业人口向工业和服务业转移、大量农村人口涌入城镇的人口流动与迁移的浪潮中，催生了一批大城市。大城市的产生与形成，或由于其优越的地理位置，或由于其独特的要素及政策优势，或者由于其占据了先发优势。然而，大城市一旦形成，就会构成持续的规模经济效应，吸引各种要素的进一步集聚；大城市集中了大量的优秀人才，从而更容易实现创新与创业；大城市具有更多元的文化，更具包容性。总之，大城市会持续吸引产业与要素的集聚，形成源源不断的生产力、与持续的劳动力需求，这会吸引人口的进一步流入。

1950年五百万以上人口的特大城市在全世界仅有7个；到1980年世界特大城市共有21个，比1950年增长了2倍；到2015年达到73个，比1980年增长了2倍多，是1950年的10倍。从我国大城市的发展情况来看，1955年500万以上人口的特大城市仅有1个，到2015年达到16个，增长了15倍；人口在100万~500万的城市在1955年共9个，到2015年达到89个，增长了8倍多。其中，人口超过千万的超大城市已有6个（北京、上海、广州、深圳、天津、重庆），且其人口规模仍在不断增长，不断冲破政府预先设定的人口控制目标。

不可否认，城市化是促成我国改革开放以来经济高速增长的重要推动力，但城市化过程中催生出来了一批常住人口规模在500万、甚至1000万以上的大城市，这些大城市出现了诸如交通拥堵、环境污染、教育与医疗资源严重不足等社会问题，即“城市病”，引起了人们的广泛关注。一些学者、政府官员认为，“城市病”的原因在于人多，从而支持政府用一系列行政手段限制大城市的人口增长。中国（深圳）综合开发研究院认为，应采取更科学、更理性的视角去看待这一问题。“城市病”问题的根本原因并不是城市人口数量过多，而是公共服务供给严重不足。一方面，人口向能提供更多就业岗位、更具优势与吸引力的大城市流动，这是“理性人”的自然选择，特大城市由于其规模效应从而能吸引要素的集聚，这也符合经济学的根本规律，任何用行政手段进行干预的行为都是违背经济发展规律的行为，会干扰经济增长的速度，并且，与世界其他发达国家相比，我国目前大城市的数量不多，反而过少；另一方面，由于我国城市化进程速度过快，用短短30年就完成了发达国家用百年才完成的事情①，使得政府提供公共资源、管理现代化城市的思路与方法尚不及调整，公共资源供给增长的速度远远跟不上人口增长的速度，城市的交通、环保等规划不够合理，这必然会导致我们现在看到的交通拥堵、环境污染、公共资源需求紧张等现象。要解决“城市病”问题，政府应从“供给端”发动改革，提高城市治理的科学化水平，增加公共资源供给。

历史已经告诉我们，并不是每个城市都有能力聚集相当规模的人口，一个特大城市的形成与发展，必然是人自由选择的客观结果。诸如大力发展西部城市、投资建设中小城镇、严格控制大城市人口规模，等运用行政手段干扰人口的流动趋势，都会破坏这一客观规律，从而阻碍城市化的推进、阻碍经济的增长。中国正处在人口向中心城市聚集的阶段，限制大城市而鼓励发展小城镇不符合当前的自然规律（樊纲，2016），在工业化阶段，人们最大的诉求是找到工作，这会使得人群向沿海地区和中心城市聚集，而城市化最重要的效果是形成集约效应，由人口集聚产生的市场反过来又创造更多的就业机会，所以大家离开农村，离开小城市，涌向中心城市，这是一个基本的经济规律。我们这么多年一直想发展小城镇，限制大城市，是逆自然规律而制定的政策，这是导致当前的各种“城市病”的重要原因，一方面，大城市规划对人口预计不足，导致基础设施不足，交通拥堵，房价飙升等问题；另一方面，小城镇则出现房地

① 2011年中国城市化率突破50%，英国达到这一城市化水平，大约历时200年，美国历时100年。

产过剩等问题，形成资源浪费。大城市发展的一个必然趋势是，以其为中心，发展成一个辐射周边地区的大都市圈。当然，其背后尚有很多问题值得深入探讨与研究，如都市圈内不同城市间利益冲突的协调等。

可见，对于我国现代化发展与经济发展核心命题的城市化进程中的一个重要现象——“特大城市”，虽然已引发诸多讨论，但我们尚有许多问题有待进行系统、深入的探讨与研究，这也是我们创作此书的目的与意义。中国（深圳）综合开发研究院在公共政策研究的过程中，长期关注中国城市化进程的重大问题。我们希望通过此书的创作与出版，引起关注城市化问题的广大公众、和参与城市化进程的每一位专业人士，对我国城市化过程中“特大城市”问题的关注，呼吁采取更科学、客观、符合经济发展规律的视角去看待我国“特大城市”的发展与治理。

第2节
城市的内涵

（一）城市的本质

人们在生产生活过程中由于聚集的力量自发形成了城市这一集地理、经济、社会等功能特征为一身的形态；城市的发展又为人类生产生活的进步提供了更大的可能性。城市的产生与发展展现了人类社会从草莽未辟的蒙昧状态走向现代文明的历程（乔尔·科特金，2010）。在某种程度上说，农村农业养育了人类，而城市则承载了人类经济乃至文明的进步。

从词源来看，“文明”（Civilization）一词，源自拉丁文中的“Civitas”，正是“城市”之意。马克思和恩格斯也指出：“物质劳动和精神劳动最大的一次分工，就是城市和乡村的分离。城乡之间的对立是随着野蛮向文明的过渡、部落制度向国家的过渡、地域局限性向民族的过渡而开始的，它贯穿着文明的全部历程直至现在”（马克思，恩格斯，2009a）。可见，城市的产生与人类文明的产生、国家的出现以及民族的形成是同一过程，人类文明的发展与城市密不可分。法国历史学家布罗代尔认为，城市是经济发展的动力，又是发展的产物，历史上重大的发展无不表现为城市的扩张（布罗代尔，2002）。

城市虽然是前资本主义的社会现象，而城市化却是资本主义的必然产物，资本主义工业化第一次促进了真正意义上的城市革命（龚唯平，2001）。“它建立了现代的大工业城市——它们的出现如雨后春笋——来代替自然形成的城市。凡是它渗入的地方，它就破坏手工业和工业的一切旧阶段。它使城市最终战胜了乡村”（马克思，恩格斯，2009b）。考古学证据表明，城市早在5500年前便已存在，但在历史长河中，城市的发展虽有兴盛衰败的变迁，但城市化进程在总体上没有什么进展，城市发展的速度和数量的增长一直相当缓慢，而且城市规模都比较狭小，世界上大部分的人口还主要生活在农村地区。19世纪以来，随着资本主义工业化的推进，大量人口向城市聚集，各种资源向城市集中，以伦敦、曼彻斯特和芝加哥为代表的现代大工业城市迅速崛起，从而掀起了一浪高过一浪的城市化浪潮。英国是历史上最先完成工业革命的国家，在1851年它的城市居民数量就已经占到总人口的一半，成为世界上第一个实现城市化的国家。此后，法、德、美等主要资本主义国家也陆续完成工业化，到20世纪前半叶，欧洲和北美发达国家的城市人口由0.4亿增加到4.49亿，城市人口比重达到51.8%，发达资本主义国家均实现了城市化。20世纪后半叶，新技术革命的兴起推动了全球化，随着资本投资的多元化和市场的国际化，世界城市化进入了新的历史阶段，如果说之前的城市化主要是发达资本主义国家的城市化，那么，今天的城市化已经是世界性的普遍城市化。1950 年世界总人口为 25.26 亿，其中有 7.46 亿为城市人口，城市化率为 29.53%；到了 1987 年世界人口达到 50.45 亿，接近翻一番，其中城市人口为 21.1 亿，城市化率为 41.9%；再到 2013 年世界人口达到 72.44 亿，其中城市人口为 38.8 亿，城市化率达到 53.6%。发展中国家城市人口的比例持续增长，城市规模继续扩大，与发达工业化国家相比，这些国家和地区的城市化进程速度非常快，往往是在 20 到 30 年间，就已完成了欧洲花了整整一个世纪才完成的城市化进程。

（二）特大城市的形成——“理性人”的客观选择

从经济发展的规律来说，经济聚集是大势所趋。世界各国的经济都在向少数大城市或大都市圈集聚，而且越是发达的国家经济集聚程度越高（WorldBank，2009）。在经济活动和人口集聚的过程中，劳动生产率也得到了显著提升（Au & Henderson，2006；范剑勇，2006），人口密度的增加、人力资本的集聚带动了生产率（Ciccone & Hall，1993；Rauch，1993），城市化与工业化过程中的规模经济效应也促成了中国过去数年的高速经济增长（陆铭等，2011）。

那么，城市化过程中，一些或由于其得天独厚的天然资源禀赋、或由于后天的环境吸引、或由于产业发展顺应了经济发展的大势，从而发生了集聚效应的大城市，逐渐成为全国或某一区域的中心城市，也就是“特大城市”。特大城市的形成，是“理性人”的选择，有其客观规律，但并不是任何城市都有可能产生集聚效应，从而发展成特大城市。一个特大城市的形成条件，可以大致归纳为以下几点：

第一，资源禀赋，包括自然条件与人文条件。自然环境是特大城市形成的主要的制约因素，地形对城市空间结构的形成起着极大的限制和塑造作用，构成了城市存在和发展的物质基础。自然地理环境是城市发展的空间背景和客观限定，是特大城市形成发展的基本动因。人文条件如历史、文化、底蕴、教育、科技水平等因素，在城市形成与发展的每个关键点发挥着至关重要的作用，推动城市的质变和发展结构的层级变化，是推动特大城市的形成与发展的一个重要动因。如，我国沿海地区和靠近大港口的地方由于其独特的资源禀赋，以及更高的开放程度，促进了产业向东部沿海地区的集聚（陈钊、陆铭，2006）。

第二，产业发展。城市发展过程中的不同历史时期，是资源和包含土地要素的时空配置及其结构形成、调整和转换的过程，是产业结构转化和主导产业部门置换的过程。世界各国的经济发展表明，特大城市的聚集与发展与不断演化发展的产业结构是紧密相关的。随着产业结构的升级，新的产业必然有新的区位选择逻辑，城市人口布局、土地利用结构、交通布局、商业布局等都会发生相应的改变，产业的部门结构及空间结构变化所形成的产业结构转换力会改变社会经济要素在空间的集散状态。从产业演替的进程可以看到产业升级确实是特大城市形成的重要动力。经济发展尤其是产业发展，是特大城市形成的重要物质基础和推动力。

第三，后天环境，包括交通条件、人才储备等因素。交通条件是影响城市聚集和扩散的直接因素，是城市形成和发展的基础推动力。交通技术的进步使更多的人口、原材料、资本不断地向城市聚集，从而导致城市聚集规模扩大；公共交通，也提升了城市的承载能力与城市之间的凝聚力，密切了城市空间的相互联系，推动了城市的形成和发展。20 世纪后半期以来，步入知识经济时代，规模效应中的“学习”更为重要，城市成为高知识、高技能人才聚集的场所，这也是为什么高科技产业和创意产业往往都是在大城市才能获得更好发展的原因。

此外，国家政策在特大城市规模的进一步扩大中扮演了相当重要的角色，如我国的北京、上海。城市土地制度、城市规划、空间发展政策对特大城市的形成作用明显，城市规划有着明显的政府行为痕迹，政府意志通过这种高效的调控，被施加在城市的发展过程中。诸如行政区划的调整、开发区的建立和发展、地域开发计划等城市发展政策等也会对特大城市的形成和发展产生影响。

从全世界特大城市的发展来看，二战后随着人口的迅猛增长、与城市化率的提升，使得全世界特大城市的数量都在不断增加。1900 年，全世界百万人口的特大都市仅为 13 个，1950 年增为 71 个，1960 年达到 114 个，1980 年达到 222 个，2000 年达到 408 个；按照五百万人口来计，1950 年五百万以上人口的特大城市在全世界仅有 7 个，到 2015 年达到 73 个，是 1950 年的 10 倍。从我国特大城市的发展来看，改革开放后伴随着工业化进程的加速，我国城市化取得了巨大成就，城市的数量和规模都有了明显增长。1955 年 500 万以上人口的特大城市仅有 1 个，到 2015 年达到 16 个，增长了 15 倍；其中，人口超过千万的超大城市已有 6 个（北京、上海、广州、深圳、天津、重庆），且其人口规模仍在不断增长，不断冲破政府预先设定的人口控制目标。以北京为例，“十三五”的人口红线划在了

2300万人，但现在北京市常住人口已达到2170.5万。据统计，外来人口的增长是北京常住人口增长的主要原因，从2000年到2015年，北京常住外来人口年均增速为8.1%，远远超过户籍人口年均1.3%的增速。

由于我国城市化进程的加快，为更好地实施人口和城市的分类管理、满足经济社会发展需要，国务院于2014年10月重新调整了城市规模的划分标准①，将城市划分为五类七档：城区常住人口在50万以下的城市为小城市，其中20万以上50万以下的城市为Ⅰ型小城市，20万以下的城市为Ⅱ型小城市；城区常住人口在50万以上100万以下的城市为中等城市；城区常住人口在100万以上500万以下的城市为大城市，其中300万以上500万以下的城市为Ⅰ型大城市，100万以上300万以下的城市为Ⅱ型大城市；城区常住人口在500万以上1000万以下的城市为特大城市；城区常住人口在1000万以上的城市为超大城市。依照该标准，我国现有特大城市16个，分别为上海、北京、深圳、广州、天津、重庆、成都、武汉、东莞、佛山、沈阳、西安、南京、杭州、哈尔滨和苏州；超大城市有6个（北京、上海、广州、深圳、天津、重庆）。

（三）城市空间布局与区际关系

1. 城市空间布局

城市化的历史进程、及特大城市的形成过程告诉我们，城市的空间布局是极不平衡的，人口在不同空间的分布密度存在很大差异，

① 《国务院关于调整城市规模划分标准的通知》，国发〔2014〕51号。

这是人口迁移与人口流动的必然结果，是很自然的过程。从世界人口分布密度来看，目前，世界55%以上的人口居住在海拔200米以下、不足陆地面积28%的低平地区。由于生产力不断向沿海地区集聚，人口也随之向沿海地带集聚，使得沿海沿湖的平原地带成为世界人口最稠密的地区。以我国为例，我国94%的人口居住在东部43%的土地上，这一规律也被称之为“瑷珲—腾冲线”，即胡焕庸线。西部地区受限于地理条件，与东部沿海、平原地区相比，相对不适宜人类居住与生活，对人口的吸引能力较差；其生产力发展不足，不能有效地发挥规模经济效应，无法提供有效的劳动力岗位。此时，政府仅仅为了实现空间布局的均衡化，而利用各种投资、政策来吸引人口流入，提升城市规模，既没有遵循自然规律，也是对生产力、对效率的极大破坏。

此外，在已有东西部城市空间格局下，国家对东部沿海地区的优惠政策倾斜，又使得经济基础本来就优于中西部地区并处于对外开放前沿的东部沿海地区吸引了大量的海外资本，从而吸引了广大中西部地区的农业人口向沿海地区大中型城市、工业和建筑业集聚的地区大规模转移，而这种转移又在客观上强化了东部沿海城市的集聚效应。而我国政府在不同行政级别的城市之间，配置资源的金字塔结构，也进一步加剧了资源的集聚。北京等超大城市得到资源最多，其次是一线城市、省会城市、三线四线城市，金字塔底部为乡镇。奥运会、世博会等大型活动，以及迪士尼等大型游乐场仍设立在超大城市，也加剧了资源配置的集聚，拉动了人口的涌入。

2. 城市区际关系

城市化发展到一定阶段必然会出现城市的集聚，从而形成城市群。弗里德曼认为，以该特大城市为中心而形成的大都市区，是城市地域空间形态演化的高级形式。他认为，城市空间演化过程可以归纳为以下三个阶段：一是以集聚为主的城市化阶段。在极化效应的作用下，人口与产业不断向城市聚集，形成人口、产业、资本、技术高速集聚的大城市，城市规模迅速扩张。在西方资本主义国家，这一阶段大约开始于21世纪初，到1930年代，大城市人口增长达到高潮。二是集聚与扩散并行的大都市区形成阶段。在这一阶段，由于大都市中心地区用地紧张、环境恶化，城市用地开始向用地潜力大的郊区扩展，在郊区出现新的居住区、工业区和购物中心，进入郊区化阶段。随着部分产业和人口的外迁，城市中心区职能不断升级和转换，控制和管理功能进一步向中心区集中。这样由中心城市与其有着紧密联系的郊区共同构成大都市区。三是以扩散为主的大都市区发展阶段。随着经济全球化、信息化的发展，大都市区产业结构和空间结构出现新的变化和重组，城市空间扩展与人口分散的趋势日益加强，进入后郊区化或新郊区化时期，在郊区出现新的区域中心——边缘城市，大都市区的空间向多中心网络式的结构发展。

我国目前基本形成了京津冀、长三角、珠三角三个经济带。京津冀一体化已在推进，长三角经济合作圈也已基本建立。而对于新型创新城市深圳，中国（深圳）综合开发研究院常务副院长郭万达博士提出，深圳可以基于已有的与东莞、惠州进行产业协作，继续加强内部协同合作，整合“深莞惠”，提升区域一体化水平，直至形成一个高密度的“深莞惠”都会区（郭万达，2016）。然而由于我国与美国等发达国家，在如土地制度、社会保障、税收制度、政府官员升迁机制等体制方面存在着重要差异，使得大都市圈内部各个城市之间存在难以协调的利益冲突。中心城市的集聚吸纳效应有余，但辐射带动作用不足，各城市群尚未形成分工协作、扬长避短、优势互补的梯次结构。这也是京津冀一体化推进极为缓慢的一个重要原因。以中国特有的土地制度与管理模式为例，中国土地市场中特有的土地制度及管理模式表现在中国的土地市场上是分割的，地方政府对于自身管辖区内征收农地与供给土地具有垄断行为，从而对城市建设用地有处置权和收益权，这使得土地出售与经营成为地方政府获得高额收入的重要来源，并且此种地方财政通常不计入一般预算收入、预算外收入和制度外收入，从而不受上级政府的管理和监督。此外，通过土地财政获得的收入，有助于优化地方经济指标，也使地方政府宫员获得政治晋升。针对有此多种因素引发的城市群内部各城市政府之间的利益博弈，中国（深圳）综合开发研究院院长樊纲认为，可以参考我国历史上的“巡抚”制度，通过一个比城市群内部各个城市市长、在行政级别上高一级的行政长官，来对利益冲突进行协调。

第 3 节

中国城市发展政策存在的问题

（一）我国城市化政策梳理

建国以来，国家对待城市化的态度、及发展政策发生了几次重大改变，相应地城市化进程也分为如下四个阶段：

第一阶段是改革开放前的近 30 年，这个时期国家采取了一系列妨碍城市化正常发展的政策，限制城市规模的扩展和城市化率的提高。这造成中国在计划经济体制时期城市化水平不仅长期滞后于工业化水平，也落后于同等发展水平的国家，成为“滞后型城市化”的典型（成德宁，2004；辜胜阻、简新华，1994）。1952—1978 年，工业产值在 GDP 中的比重从 17.6% 上升到 44.44%，提高了 27 个百分点；而同期城市化率仅从 12.5% 提高到 17.9%，只提高了 5 个百分点。

第二阶段是改革开放初期（1978 年）到 20 世纪 90 年代末。从

1980年开始，国家的城市化战略从限制城市发展，转变为有区别的发展城市——“严格控制大城市规模、合理发展中小城市、积极发展小城镇”。随着政策逐步放开以及改革开放中大量农民工进城务工，城市化率在这20年间提高了15个百分点，1998年城市化率达到33.3%。不过，这一时期的城市化发展主要表现在中小城市和小城镇的数量迅速增加，大城市的数量偏少。1978年中小城市有153个，1998年增长到583个，这20年间中小城市数量和人口数量分别增长了2.8倍、2.6倍；而同期人口数量在50万人以上的大城市数量和人口规模仅增长了1倍多。全国城市平均规模从40万人下降到30万人。城市规模过小，使得生产要素使用效率低下。但这些中小城市的发展，毕竟为人口从农村向城市转移提供了条件。这期间，由于“撤乡建镇”的行政管理制度发生了改变，全国小城镇数量增长了近七倍，而单个镇的平均规模从4万人下降到不足9千人。不少镇使用财政资源或银行贷款进行了建设，但由于产业发展缺乏动力与凝聚力，并没有带来人口的自然集聚与经济的发展，反而带来了资金和土地资源的巨大浪费。

第三阶段是20世纪90年代末到2014年。我国政府充分认识到城市化在社会经济发展中的积极作用，也明确提出要积极稳妥地推进城市化的发展战略，中国城市化迈上了快速发展的轨道。城镇数量迅速增加，规模不断扩大，城市人口占总人口的比重也在迅速提高。从1978年到2011年，中国城市数量由192个增加到657个，城镇人口由1.7亿增长到6.9亿，城市化率从17.9%提高到51.3%，迅速改变了中国过去“工业国家、农业社会”的格局。大城市的数量与人口规模呈显著增长①。

第四阶段，即 2014 年国家新型城镇化规划（2014—2020 年）颁布以来，我国开始进入中国特色新型城镇化的发展阶段。该规划提出新型城镇化道路应以“人的城镇化”为核心，有序推进农业转移人口市民化；以城市群为主体形态，发挥城市群的辐射带动作用，优化发展京津冀、长三角、珠三角三大城市群，形成东北地区、中原地区、长江中游、成渝地区、关中平原等城市群；推动区域协调发展，培育若干带动区域协同发展的增长极，不仅要发展一批中心城市，还要发展特色县域经济，加快培育中小城市和特色小城镇，推动大中小城市和小城镇协调发展。

（二）我国针对特大城市的政策——始终严格控制特大城市规模

我国城镇化发展规划中，对特大城市一贯采取的政策是——严格限制大城市发展的城市化战略，利用行政手段限制人口流入，并希望通过限制大城市规模（比如通过户籍政策）而达到疏散城市功能的目的。严格管控特大城市规模的政策从未放松，最新出台的《国家新型城镇化规划（2014—2020 年）》中仍提出“严格控制 500 万以上人口的特大城市人口规模”。北京市、上海市出台政策，明确了人口调控的目标——北京市力争在 2020 年将总人口规模控制在 2300 万以内；上海市这一数字是 2500 万。为实现这一目标，北京市、上海市采取了各类行政手段来进行人口管制。一方面，一些特

① 2011 年中国城市化率突破 50%，英国达到这一城市化水平，大约历时 200 年，美国历时 100 年。

大城市不断提高落户门槛，如上海市最新出台的户籍管理办法规定，标明申请落户的前提之一是必须满足在本地连续缴纳社会保险 7 年及以上；另一方面，这些特大城市还将居住证与外来人口子女读书问题紧密联系在一起，如上海市在 2016 年推动外来人口必须满足办理临时居住证 3 年以上，子女才能在上海读书，而这一年限要求在 2014 年时仅为 1 年。

严格控制特大城市规模的做法，会阻碍中心城市集聚效应的发挥而不利于我国城镇化战略的实施。并且，采取行政手段控制城市人口规模也必然是难以奏效的，关键在于对其发展进行合理引导。比如，日本政府就曾试图提出众多的方案和措施，减缓人口向大都市区的进一步集中，重新规范了这些大都市区的空间分布，但人口向大都市区集中的趋势有增无减。后来，日本在都市圈的框架下，通过发展副中心和卫星城的“多中心”发展模式，有效疏解了东京都心的功能（注意，不是限制都心的规模）。因此，不能以特大城市主城区压力过大为借口排斥整个大都市区的人口增长，更合理的做法应当是顺应大都市区化发展趋势的要求，突破行政边界的限制，调整都市化区域策略，通过有效的空间规划和交通规划等手段，推动一批特大和超大城市转型为经济高效、竞争力强、方便宜居、治理有方、生态良好、环境可持续的大都市区，从而更好地实施新型城镇化战略。

（三） 中国城市治理模式存在的主要问题

1. 城市政府职能转变不到位，缺乏公众参与

政府是城市治理的主角。在中国的城市治理中，政府更是一直

处在绝对支配的地位，行政权力延伸到城市社会的各个角度。政府的过于强势，束缚了其它主体参与城市管理的积极性，降低了管理的效能。这一方面加重了政府城市管理的工作量，另一方面压制了社会组织（市场组织、民间组织以及市民个人）的自主权与能动性，从而降低了城市治理效率与效益，制约了城市的发展。

其一，各级城市政府的治理和职能转变过程较为缓慢。中国的城市长期在计划经济体制下封闭发展，城市的治理长期依赖政府部门的行政指令和控制，造成城市政府机构相当臃肿，管理效率相当低下。随着市场经济的发展，中国政府与市场的关系发生了重大改变，中国对政府机构也多次进行过改革，但体制创新和政府职能转变的力度不大，政府仍然垄断着公共物品及服务的供给，包揽过多的社会事务，政府效率提高难见成效，与理想的政府治理模式还有相当的距离。

其二，公众参与渠道不畅。公众参与是实施良好的城市治理的主要力量，然而，中国城市治理中的公众参与目前主要以自发参与为主，组织松散、组织程度很低，以集体或政治性社团名义参与的情况较少。尽管在一些城市治理活动中，中国城市已有一定程度的公众参与，但仅是一种事后的、被动的参与，是初级阶段的参与，与良好的城市治理所要求的公众参与仍然有很大的差距。例如，从总体上看，目前中国城市规划中的公众参与仍然处于“象征性参与”的阶段。城市规划者和城市管理者缺乏与公众保持沟通的传统，大部分领导和城市规划者只是在理论上承认公众参与的重要性，并没有把公众参与上升到城市规划决策以及一切决策的最初出发点和最终目的的高度上来，绝大多数的规划决策是由城市的主要领导人立项定案的，公众难以关心和支持城市规划与建设。公众参与活动主要通过向城市规划行政主管部门投诉、信访等途径进行。公众实际上只有参议权而没有决策权，城市规划多是由政府领导“拍板”决定的。

其三，第三方组织发育缓慢，影响甚微。在城市民众和利益多元化的背景下，政府满足广大人民多样化需求的能力是有限的，而非政府组织的多样化及其灵活性，正好可以与政府形成互补，解决那些由于政府自身局限性所解决不了的问题。但是，中国城市治理中一直是处于“强政府、弱社会”的状态，政府处于绝对支配的地位，而非政府组织发育缓慢。据统计，从 20 世纪 50 年代至改革开放前的 70 年代，中国各种社团和群众组织的数量非常少，50 年代全国性社团只有 44 个，60 年代也不到 700 个，地方性社团大约在个 6000 左右（俞可平，2000）。改革开放以后，中国非政府组织数量快速增长，但一直处于弱势地位，并且存在着功能与成员行政化的现象。相对于国外的非政府组织，中国的非政府组织对政府的资金依赖性也更强。以中华慈善总会为例，其主要领导中有相当一部分来自政界或社会名流。

2. 城市治理的理念与手段有待提升

我国的城市治理者，对于城市治理的理念，以及治理城市的技术与手段都有待提升，实现科学化、法治化还有很长的一段路要走。城市治理的法治化，是一个政府遵循现代法治要求，通过与市场、社会的互动，围绕公众权益和公民权利的实现和保障而进行决策引导、规范协调、服务经营等城市治理行为的复杂过程。中国城市治理一直以行政的、非经济的手段为主导，距离“依法治市”，形成

"城市治理法治化"的局面还有较大差距，并且缺乏城市治理要求的法治、平等、协商、参与、互动合作等价值理念和机制。

其一，政府的管理跟不上时代的变迁，该管的管不了。当前正处在改革开放和现代化进程中的中国城市，出现了大量以往从未经历的经济、社会、环境等问题，这需要政府对此做出积极的反应。但政府处理新问题的能力往往跟不上时代的变化，使得政府职能转变的滞后与城市化不断提速、公众对城市公共品需求不断增长的矛盾日益突出，出现了许多城市政府管不了的新问题。如针对当前频发的"城市病"问题，政府忽略了人口迁移的自然规律，过于强调人口规模的控制，而忽略了公共服务的供给，而这恰恰才是导致当前"城市病"的一个源头要素。可以说"城市病"本质上是一种"城市治理"问题。中国正处在人口向中心城市聚集的阶段，限制大城市而鼓励发展小城镇不符合当前的自然规律（樊纲，2016），在工业化阶段，人们最大的诉求是找到工作，这会使得人口向沿海地区和中心城市聚集，而城市化最重要的效果是形成集约效应，由人口集聚产生的市场效应反过来又创造更多的就业机会，所以大家离开农村、离开小城市，涌向中心城市，这是一个基本的经济规律。我们这么多年一直想发展小城镇，限制大城市，是逆自然规律而制定的政策，这是导致当前的各种"城市病"的重要原因，一方面大城市规划对人口预计不足，导致基础设施不足、交通拥堵、房价飙升等问题出现；另一方面，小城镇则出现房地产过剩等问题，造成资源的浪费。

其二，城市管理虽到达了预期目标，但投入与产出的比例失衡、管理成本高、造成资源的浪费和管理效率的低下。这一方面是公共资源稀缺、政府财政困顿造成的；另一方面则是高昂的管理成本、公共资源的浪费带来的。

3. 城市治理中各自为政、条块分割的问题比较突出

城市是一个包含众多子系统的、复杂的巨系统，城市的治理和发展也是一个系统工程，需要各子系统的良好治理和发展，更需要各个子系统与城市系统的总体协同发展。即城市的治理和发展除了各个部门需要具有很好的规划与执行能力外，还需要各个管理部门的相互协调。

然而，我国长期以来采取各城市行政区实施各自为政、自上而下的垂直式行政管理模式，各城市政府只对具有行政隶属关系的上级政府负责，而地域相邻、没有隶属关系的同级城镇之间缺乏必要的横向经济联合和协调机制，从而普遍存在着条块分割、各自为政、职责交叉、管理粗放、缺乏协调等问题。一方面，不同城市之间在重大基础设施、交通网络、资源开发、生态保护等跨界项目建设中存在因行政区划分割而带来的区际矛盾和冲突，增大了区域内耗。结果，行政资源、民生资源和市场资源等各种资源不能突破已有的行政区划，在更大的空间范围内进行优化配置，也不能实现城市与区域之间协同发展。当前这种注重竞争、缺乏合作的城际关系，严重威胁着我国城市密集区（都市圈）的空间整合与协调发展。应该说，这种注重竞争、缺乏合作的城际关系，是中国城市治理中面临的一个突出问题，也不符合中国未来城市群发展的潮流。另一方面，同一城市内部，在城市治理过程中涉及的工商、市政、规划、园林、环保等各个部门之间由于利益相互冲突，从而普遍存在着相互推诿的现象。此外，由于政府间的利益冲突，许多政府不愿放权，一些

职能重叠的公共部门甚至为了各自的部门利益会出现大家都“争着管”的现象，导致公共资源的浪费。而对于一些没有利益的事情，各个职能部门则相互推诿，从而导致政府职能的错位。

（四）本研究的观点

第一，城市化进程是一个复杂的经济、社会、环境、文化等方方面面的系统工程，涉及到一系列的公共政策。只有各级政府官员、各类相关政策之间相互协调，才能成为一个和谐而统一的公共政策体系，保证我们的城市化进程能够平稳地进行下去。一方面，随着城市化大批农民转移到城市当中，城市人口大规模增长，生活必需品的供给，从原来的一家一户各自解决的方式转为公用品、公用事业的供给方式，这时候如何利用有限的资源，提供价格低廉、质量有保证的各种公用品，如电力、自来水、煤气、公共交通、公共交通、公共设施、垃圾处理等，就成了城市化发展进程中一系列非常重要的需要研究的制度与政策问题。这需要对公用事业进行有效的组织，对公用事业的成本与价格进行严格监督、合理定价，并考虑到各种公用事业的外部性和提供公用事业的企业利益，以及如何使政府能够廉洁、高效地提供各种服务。另一方面，城市化是农民进城的过程，农民进城后，如何解决其从养老到医疗到子女教育的社会保障问题，是保障我国城市化进程平衡进行的条件。中国的土地制度成功避免了多数发展中国家在发展历史中长期存在的“城市贫民窟”现象。但是我们城市化进程中低收入阶层在城市中的存在，仍然对我们各方面的经济政策提出了严峻的挑战。有些城市驱赶“城中村”“城边村”，驱赶在城市当中居住的各种外来民工，其实是一种反城市化的行为。如何使我们的城市发展包容更多的低收入阶层，使更多的低收入阶层在城市里定居，安居乐业，为他们提供各项公共服务，是我们政府改革和公共政策改革的重要内容之一。可见，城市化这个复杂的系统工程中，只有经济、社会、环境、文化等方方面面的政策相互协调，才能成为一个和谐而统一的公共政策体系，才能保证我们的城市化进程能够平稳地进行下去。

第二，破除大城市人为限制的传统思维。一方面，大城市是人口迁移与流动过程的客观结果，有其客观规律。大城市能节约土地与资源，能更加集约地利用基础设施，从而更有效的发展工业，创造出更多的就业与收入。限制特大城市人口规模是城市化、工业化的倒退。另一方面，人口流动不完全受行政调控的干预，特大城市人口快速增长是必然趋势。人口调控目标不符合发展的一般规律，用行政手段来调控特大城市的人口数量是无效率、不合理的，也有失公平。近年来，我国特大城市“屡控屡破”的局面也说明了用行政手段控制人口规模的效果非常有限。特大城市要维持原有多职能的发展目标，保持城市经济、社会等方面的全面发展，就不可避免地带来人口持续增长，这是一体两面、不可分割的。北京市、上海市等地人口规模“屡控屡破”的形势已告诉我们，用行政手段来控制人口规模是不可行的，其结果必然是失败的。

第三，提升城市治理理念与手段，改变由于规划预期不当而形成的公共服务不足的问题。在大城市人口控制政策的约束下，若地方政府根据低估的人口增速来规划公共服务总量，但人口却在集聚效应的影响下客观上持续迁入，这就可能导致公共服务不足的问题。因此，人口控制的规划思维会加剧公共服务供给端的不足，使“城市病”恶化。此外，医疗问题是世界性、全国性的难题，并非大城市所特有的，而我国看病难问题更多是由医疗服务供给端不足造成的，并非是因为人口迁移所带来的公共服务需求过高所造成的。通过体制机制改革，大力提高公共服务供需的匹配程度才是正确的解决之道。与其将城市公共资源用于严防人口流入，不如直面人口快速增长给城市公共服务供给与城市治理带来的挑战，重点提升城市空间布局结构、增加城市公共服务供给数量、提高城市治理质量。

第四，以特大城市为中心，形成大都市区，这是大城市发展的可行之道。从我国大都市区治理的实践来看，无论是行政区划的调整，还是非正式区域的协调机制，抑或上级政府的规划指导，都表现出浓厚的行政色彩，非政府组织、企业、个人等在其中的作用还不显著，表达途径还不顺畅。由此导致的政府间利益冲突给我国大都市区的治理提出了挑战。我们建议从以下几个方面着手，促使我国大都市区治理水平的提升：（1）科学合理的划分各级政府之间的职能。根据美国和日本的经验从法律上对地方政府的职能分工做出规定，是实现大都市区有效治理的根本所在。（2）借鉴我国古代的“巡抚”制度，成立一个比大都市区内各个城市的行政级别更高一级的政府机构，以此协调不同城市间的利益冲突。中国（深圳）综合开发研究院院长樊纲认为，中国特色行政机制带来的问题，还要用行政体制来解决。通过在国家层面进行行政区划的改革、打破行政区划限制，是一个可行之道。

第 4 节
本书的逻辑架构

本书以特大城市为研究对象，基于经济学基本理论，立足于我国特大城市的发展现状，并结合城市化发展历史的纵向研究、与世界其他国家的横向对比分析，进行系统且深入的探讨，希望能引起关注城市化的广大公众、和参与城市化进程的每一位专业人士，对我国城市化过程中“特大城市”问题的关注，呼吁科学看待“城市病”、大都市区治理等问题，以期对我国城市化进程的有序推进有所贡献。

本书分别从以下几个层次开展研究与分析：第二部分纵向展望人类迁移的历史，以期寻找人口流动的一般规律与特征，以及特大城市在这一过程中是如何形成的；第三部分以大城市为研究对象，深入分析其能不断吸引人口集聚的优势；第四部分探求影响大城市形成与发展的生产、建筑技术等因素；第五部分采用定量分析的方法，尝试探讨中国城市人口规模增长的量化规律，并基于与国际其他特大城市的对比，分析我国特大城市的发展现状与特殊影响因素；第六部分从四个角度深入分析我国特大城市中的“城市病”问题，试图寻找导致“城市病”问题的真正原因；第七部分探讨了大城市未来发展的必然形态——大都市区，基于大都市区可行性理论基础的分析上，探讨了我国发展大都市区的可行性路径；第八部分，在以上各章分析的基础上，对中国特大城市的未来发展给出了若干可行性建议。

·第二章· 人口迁移与人口流动的一般规律

Rethinking China's Urbanization and Metropolis

为了获得更好的生存条件，人类自诞生之日便不断迁移。人口的迁移与流动是人类社会进步的重要动力之一。自然经济社会受交换少、交通不便等诸多因素影响，人口迁移的频率、规模和距离都很小。随着资本主义的兴起和交通工具的进步，世界人口开始出现大规模的迁移与流动，世界人口的地理和产业分布与格局发生重大变化，人才、技术和资金可以在更为自由和更广阔的范围内进行配置。人口的迁移与流动与城市的产生、发展、繁荣与衰落紧密相关。从世界范围来看，人口呈现不断向城市尤其是特大城市流动的趋势，特大城市的数量和规模都在不断增长。无论是城市化水平已经高达80%以上的美国、加拿大、日本，还是城市化水平刚过50%正处于快速发展阶段的中国，这一趋势都未曾终止。

第 1 节

由乡村到城市的迁移与流动

（一） 世界人口城市化的三次浪潮

城市化的演进过程就是农村人口向城市转移的过程。纵观世界城市发展历史，全球的城市化进程主要经历了三次大的浪潮。第一次是欧洲的城市化，始于 1750 年的英国，历时近 200 年的时间，完成了英国和欧洲大多数国家的城市化；第二次是美国的城市化，由于世界工业中心的转移和欧洲移民的进入，美国城市化速度比英国高出 1 倍，仅用 100 年左右的时间；第三次是拉美、中国等发展中国家的城市化。

1. 英国的乡—城人口流动

英国是最早开始城市化的国家，也是最早发生乡—城间人口流动的国家。英国最早的一次乡—城人口迁徙是在 1835 年，是由官方组织的。自此之后，到第一次世界大战之前，英国大致发生过三次大的乡—城人口迁徙。第一次，发生在产业革命期间及完成后不久。1801—1851年间，工业化迅速推进的兰开夏、柴郡等西北部地区，人口增幅超过1.87倍；同期，农业占优势的米德兰南部8个郡的人口增幅仅为1.04倍。二者的差异并不是人口自然增长率所致，而是人口由农业郡向工业郡流动的结果。1841—1851年间，英国南部三个农业郡每年外流的人口达4万多。第二次人口迁徙高峰发生在1875—1895年长达20年的农业危机期间。1871—1881年间，城市人口增长了25.6%，1881—1891年增长了18.5%。第三次的高峰期主要人口与向海外迁徙有关。

从1841—1911年的70年间，国内人口流动和国际人口流动使得英国农村人口减少超过450万；1851—1911年间，英格兰和威尔士两地城市人口由899万增加至2816.3万，从此人口从893.7万减少到790.7万。另外，1801—1911年间，英格兰和威尔士新增人口2700万，其中94%的人口被城市吸收①。

2. 美国的乡—城人口流动

1790年美国第一次人口统计时，城市人口仅占总人口的5%，人口数量在2500人左右的城市仅有24个。19世纪下半期，伴随工业化的迅猛发展和西部的大规模开发，美国城市化也进入鼎盛时期，"美国由农村搬入城市"。1860—1910年，美国的城市人口增加了7倍，而乡村人口只增加了1倍，有些乡村地区因人口大量流失而出

① 马颖．发达国家发展早期与当今发展中国家人口流动比较分析［A］．世界近现代史研究（第五辑）［C］．天津：中国社会科学出版社，2008：212－232.

现大幅度的负增长。到 1920 年，美国有一半的人口居住在城市，美国已成为一个城市化国家，城市发展进入新阶段。美国这个阶段的城市化是在乡村人口流向城市、新城市大量兴起的过程中实现的[①]。自此之后，美国人口由农村进入城市的趋势未曾改变，1940 年城市人口占总人口的 52.6%，1960 年这个比例增至 69.9%，1990 年这个比例达到 79.7%。

3. 日本的乡—城人口流动

第二次世界大战之后随着经济的复苏，整个日本的人口都是向大都市集中的，大量的农村人口和中小城市人口向大都市集中。在 20 世纪 60 年代，日本城市化进入新的历史阶段，农村的青年劳动力以空前的规模涌向城市尤其是大都市，此阶段被称为“日本的大移民”时期。在 60 年代初期，日本年均迁移人数为 650 万。在经历 1965—1967 年的人口迁移平缓期之后，到 60 年代后期，平均每年人口迁移为 760 万。1973 年是日本国内人口迁移的高峰年，迁移人数达到 850 万，这意味着每百名日本人中平均有 8 人曾有过迁移行为[②]。

4. 巴西的乡—城人口流动

巴西是一个城市化发展速度非常快的一个发展中国家，到 2014 年，巴西的人口城市化率已达到 85.4%。第二次世界大战之后，由于农村内部巨大的“推力”，巴西经历了空前的农村人口向城市迁移的过程。20 世纪 40 年代，巴西约有 300 万乡村人口（占乡村总人口

① 刘建芳．美国城市化进程中人口流动的特点及影响［J］．新疆师范大学学报（哲学社会科学版）．2004，25（3）：124－127

② 张恺悌．战后日本的国内人口迁移［J］．人口与经济，1987（1）：48－53.

的10%）流入城市，由此带来巴西的人口城市化率由31%提高到36%；到50年代，约有700万农村人口（约占乡村总人口的21%）进入城市，人口城市化水平从36%骤升至45%。60年代，由于巴西进口替代经济的鼎盛发展，带来1300万人（约占乡村总人口的33%）迁入城市，使得人口城市化率达到56%；到了70年代，涌入城市的农村人口（占农村人口的38%）进一步激增至1700万，人口城市化率达68%，接近于同期发达国家的人口城市化率所达到的水平①。

巴西农村人口流入城市的过程中集中流入了大都市。巴西第一大城市圣保罗地区在1950年人口数量达到250万，1990年达到1480万，2014年达到2080万；第二大城市里约热内卢地区的人口数量由1950年的290万增加到1990年的970万，到2014年达到了1280万②。

5. 中国的乡—城人口流动

根据新中国成立以来，中国开展的六次全国人口普查数据显示：新中国成立初期，中国城镇化的比率仅为13.26%；到2014年，中国城镇化的比率达到54.77%。在此过程中，城镇人口变化情况是呈直线式上升；而农村人口的变化情况类似抛物线，在1990年左右农村人口达到高峰，之后逐年递减。城镇人口的增加一方面来自于城镇人口的自然增长，另一方面来自农村人口的流入。另外，中国城乡地域划分也会引起部分城镇人口的增加。

---

① 马颖．发达国家发展早期与当今发展中国家人口流动比较分析［A］．世界近现代史研究（第五辑）［C］．天津：中国社会科学出版社，2008：212－232.

② 资料来源：联合国 Urban Agglomerations 2014。

表 2－1　1953—2014 年中国城乡人口情况表

年份	城镇人口（万）			农村人口（万）		
	人口数	占比（%）	人口变化数	人口数	占比（%）	人口变化数
1953 年（一普）	7726	13.26	—	50538	86.74	—
1964 年（二普）	12710	18.30	4，984	56752	81.70	6，214
1982 年（三普）	21082	20.91	8，372	79736	79.09	22，984
1990 年（四普）	29971	26.44	8，889	83397	73.56	3，661
2000 年（五普）	45844	36.22	15，873	80739	63.78	－2，658
2010 年（六普）	66557	49.68	20，713	67415	50.32	－13，324
2014 年	74916	54.77	8，359	61866	45.23	－5，549

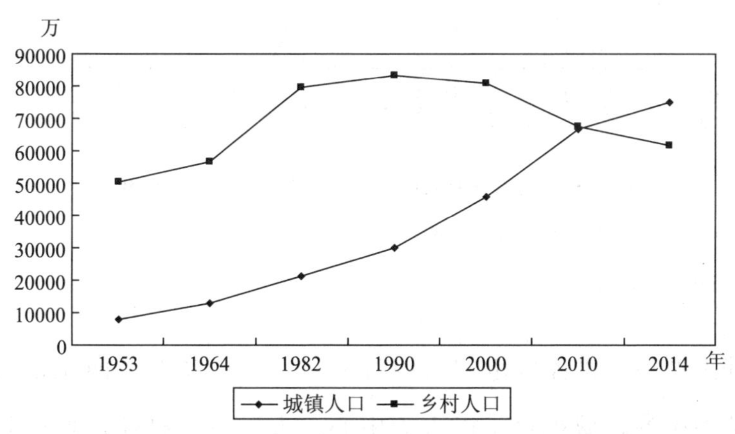

图 2－1　1953—2014 年中国城镇与农村人口变化情况

城镇人口的增加究竟有多大比例是乡村人口流入带来的呢？由于我国并没有关于城镇人口和农村人口自然增长率的统计，一些学者尝试对城镇化率和人口自然增长率的估算来估计中国乡城人口的净迁移比率。王开科和王开泳（2014）的研究表明：1978—2011 年的绝大部分年份存在人口由农村向城镇转移的净增量，城乡人口净迁率呈现明显的波动特征，但从整体趋势来看，该波动具有明显的平稳化趋势，如图 2－2 所示。邹湘江（2011）根据周一星和卫欣（2005）的估算结果推断，2001—2010 年期间，中国城镇人口自然增长率对城镇人口增长的贡献为 10.54%；乡—城迁移流动对城镇人口增长的贡献为 65.36%；而“四普”与“五普”间（1990—2000 年）乡—城迁移流动对城镇人口增长的贡献仅为 31%①。

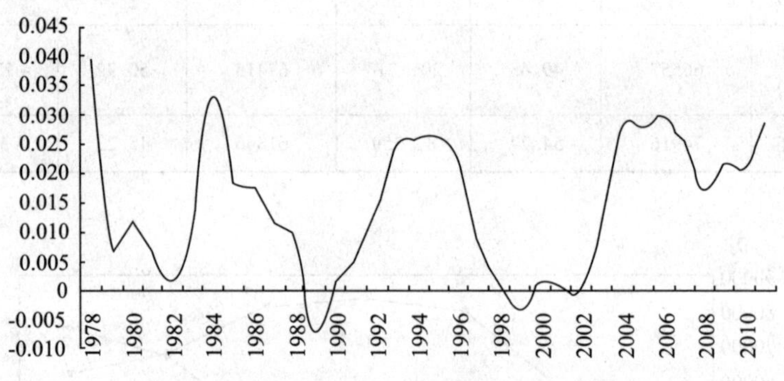

图 2－2　我国城乡人口净迁移比率（1978—2011 年）

资料来源：王开科，王开泳．基于修正 Keyfitz 城镇化模型的我国乡城人口净迁移比率研究［J］．经济地理，2014，34（9）：27－32.

综上所述，世界城市的发展过程与人口由乡村流向城市的过程是相伴而生的。城市化是以人为中心，人口由乡村迁往城市是城市化的关键和核心。

① 邹湘江．基于“六普”数据的我国人口流动与分布分析［J］．2011（6）：23－27.

（二）人口乡—城迁移的推拉理论

在城市化发展过程中为什么会发生大规模的人口迁移？是什么力量促使人们背井离乡奔赴城市？英国学者雷文斯坦（E. G. Raven stein）在1880年的《人口迁移规律》一书中提出人们进行迁移的主要目的是为了改善自己的经济状况，并对人口迁移的机制、结构、空间特征规律分别进行了总结，提出著名的人口迁移七大定律，如表2－2所示①。雷文斯坦的观点被认为是人口迁移“推—拉”理论的渊源。

表2－2　拉文斯坦“迁移定律”

研究领域	具体定律	定律内涵
迁移机制	经济律	为了提高和改善生活质量而进行迁移
	城乡律	乡村居民比城镇居民迁移可能性要大
迁移结构	性别律	女性迁移以短距离为主，且相对于男性迁移倾向更强
	年龄律	各年龄段，人口迁移的倾向是不同的，青年人是人口迁移的主体
空间特征	距离律	移民的数量分布随着距迁入中心距离的增加而减少
	递进律	中心城市吸纳乡镇人口所造成的空缺，将由乡镇周边更远地区的居民所填补，直到中心城市的吸引力波及到最偏远的角落
	双向律	迁移的流向不是单向的，每一股主流都伴随相应逆流存在

唐纳·德伯格（D. J. Bogue）于20世纪50年代末系统地提出人口迁移的“推拉模型”。其主要观点为：从运动学的角度来看，人口迁移是两种不同方向的力相互作用的结果：一种是促使人口迁移的力量，即有利于人口迁移的积极力量；另一种是阻碍迁移的力量，

① 朱杰．人口迁移理论综述及研究进展［J］．江苏城市规划，2008（7）：40－44.

即不利于迁移的负面力量。在人口迁出地，存在着把原居民推出其常居住地的“推力”，产生推力的因素有自然资源枯竭、农业生产成本增加、农村劳动力过剩导致的失业与就业不足、较低的经济收入水平等。在迁出地存在“推力”的同时，也存在“拉力”，诸如与家人团聚的快乐、熟悉的社区环境、在出生和成长地长期形成的社会关系等。相比较来看，迁出地的“推力”要大于“拉力”，占主导地位。同样地，在迁入地，存在着一种起主导作用的“拉力”把外地人口吸引过来。产生“拉力”的主要因素有：较多的就业机会、较高的工资收入、较好的生活水平、较好的教育条件、较为完善的基础设施和公共服务、较好的气候环境等。同时，在迁入地也存在一些不利于人口迁入的“推力”因素，诸如迁移带来的家庭分离、陌生的生活环境、激烈的竞争等。但比较起来，迁入地的“拉力”要大于“推力”，占主导地位。

Lee（1966）在其《迁移理论》一文中对“推力—拉力”理论进行了更为系统地探讨。他将影响迁移行为的因素概况为四个方面：①与迁入地有关的因素；②与迁出地有关的因素；③各种中间障碍；④个人因素，如图2－3所示。中间障碍因素主要包括距离远近、物质障碍、语言文化的差异，以及移民本人对于以上这些因素的价值判断。

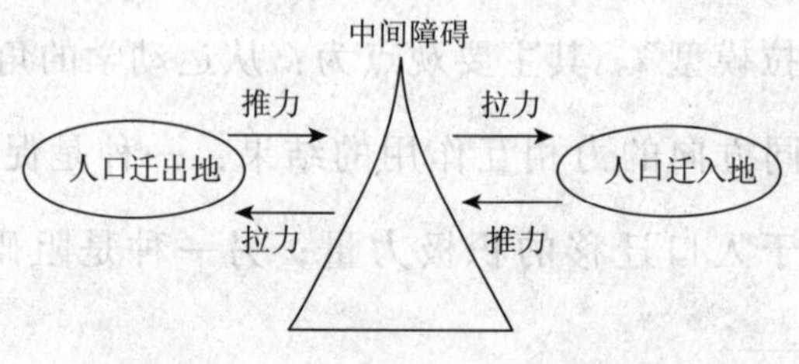

图2－3　人口迁移的“推—拉力”

第 2 节

由内陆向沿海的迁移与流动

（一） 主要国家沿海人口分布状况

纵观世界人口迁移与流动的历史可以发现一个重要的规律，即人口主要由内陆地区向沿海地区迁移。从世界人口的分布密度来看，沿海沿湖的平原地带，尤其是一些海岸线比较曲折、具有优良港湾的地区或某些大河入海口处是世界人口最稠密的地区。

目前，世界 55% 以上的人口居住在海拔 200 米以下、不足陆地面积 28% 的低平地区。各大洲中距海岸 200 公里以内临海地区的人口比重，已显著超过了其面积所占的比重，并且沿海地区人口增长的趋势还会继续发展。发表在 2007 年 4 月份英国《环境与城市化》杂志上的报告显示，全世界共有 6.34 亿人生活在海拔 10 米以下的地区。由于生产力不断向沿海地区集聚，人口也随之向沿海地区集聚。

1. 中国沿海人口分布状况

中国是世界第一人口大国，在2013年末总人口达13.61亿，占世界总人口的19.27%①。2013年末，中国大陆沿海11个省市区②人口达到5.88亿，占全国总人口13.61亿的43.2%，其居住面积仅占全国的13%左右，如图2－4所示。从人口迁移和流动状况来看，从20个世纪80年代开始，东部沿海地区一直是省际流动人口流入的最大目的地，并且向东部地区集中的趋势越来越明显。1985—1990年间，中国有561.2万的省际流动人口流入到东部地区，占全国省际流动人口的比重为52.15%；到1991—2000年间（“五普”期间），有3211.45万的省际流动人口流入到东部地区，占全国省际流动人口的比重为75.41%；再到2001—2010年间（“六普”期间），有6813.64万省际流动人口流入到东部地区，占全国省际流动人口的比重为

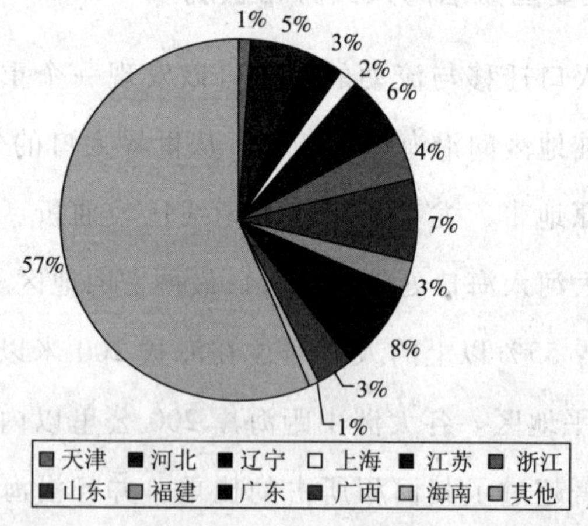

图2－4　2013年中国沿海省市区人口占全国的比重

① 联合国《2014全球城市化发展报告》显示全球总人口为72.44亿。

② 中国大陆沿海省市区包括：辽宁、河北、天津、山东、江苏、上海、浙江、福建、广东、广西和海南。

79.34%，如表2-3所示。上述数据都表明，中国流动人口向东部地区流动的态势愈演愈烈。

表2-3　不同时期中国各地区人口流入规模和比例　　单位：万

地区	1985—1990年		1991—2000年		2001—2010年	
	人数	比例（%）	人数	比例（%）	人数	比例（%）
东部	561.2	52.15	3211.45	75.71	6813.64	79.34
中部	222.8	20.70	258.54	14.09	457.98	12.12
东北	110.3	10.25	174.04	6.09	274.94	5.33
西部	181.8	16.89	597.83	4.10	1041.07	3.20
全国	1076.1	100	4241.86	100	8587.63	100

资料来源：各省统计年鉴。

2. 美国沿海人口分布状况

美国是世界第三人口大国，2012年末总人口达3.15亿，占世界总人口的4.44%[①]。2010年美国人口普查数据显示，美国东部沿海和西部沿海22个州人口占总人口的比重达到29.88%，而这22个州的面积占总面积的比重为29.96%。以上数据表明，美国沿海人口占比与面积占比基本一致，沿海地区人口并不明显偏多。但美国是一个河流湖泊众多的国家，中部平原地区有世界最大水系之一的密西西比水系和世界最大的淡水湖群五大湖，沿河和沿湖流域集聚了大量的人口。

表2-4　美国沿海各州人口及占比　　单位：万

沿海州	人口	占比（%）	沿海州	人口	占比（%）
缅因	132.84	0.22	南卡罗来纳	462.54	0.77
新罕布什尔	131.65	0.22	佐治亚	968.77	1.61

① 2012年末世界总人口按70.9亿计算。

续表

沿海州	人口	占比（%）	沿海州	人口	占比（%）
新泽西	879.19	1.46	佛罗里达	1880.13	3.12
马萨诸塞	654.76	1.09	阿拉巴马	47.80	0.08
罗德岛	105.26	0.17	密西西比	296.73	0.49
康涅狄格	357.41	0.59	路易斯安那	453.34	0.75
纽约州	1937.81	3.22	得克萨斯	2514.56	4.18
特拉华	89.79	0.15	华盛顿	672.45	1.12
马里兰	577.36	0.96	俄勒冈	383.11	0.64
弗吉尼亚	800.10	1.33	加利福尼亚	3725.40	6.19
北卡罗来纳	953.55	1.58	夏威夷	136.03	0.23

资料来源：美国人口普查局2010年普查结果。

从人口流动的角度来看，1940—1993年美国人口由腹地向水域附近迁徙的人口日益增多。在沿海（湖、河）附近50英里以内的县市中，人口数量占全国的比重由1940年的46%增至1992年的54%，其中，大西洋沿岸由23%增至24%，大湖区由14%降至10%，太平洋沿岸由6%跃升至14%，墨西哥湾由3%增至6%①。

3. 印度沿海人口分布状况

印度是世界第二人口大国，2013年末总人口达到12.52亿，占世界总人口的17.28%。印度人口主要集中在西南沿海地区和东南沿海地区。根据2011年印度卫生和家庭福利部人口普查数据显示，印度总人口为12.1亿，其中西南沿海五个邦的总人口达到2.69亿，占总人口的22.23%；东南沿海4个邦的总人口达到2.90亿，占总人口的23.98%；沿海地区占总人口的比重达到46.21%。

① 美国商务部：《美国统计资料摘要》，1997年版第9页；1994年第37页。

表 2－5　印度沿海地区人口　　单位：万

西南沿海	人口	占比	东南沿海	人口	占比
古吉拉特邦	6038.36	5%	西孟加拉邦	9134.77	7.55%
马哈拉施特拉邦	11237.30	9.30%	奥里萨邦	4194.74	3.47%
果阿邦	145.77	0.12%	安得拉邦	8466.55	7%
卡纳塔克邦	6113.07	5.05%	泰米尔纳德邦	7213.90	5.96%
喀拉拉邦	3338.77	2.76%			
合计	26873.27	22.23%	合计	29009.86	23.98%

资料来源：2011 年印度卫生和家庭福利部人口普查数据

4. 巴西沿海人口分布状况

巴西作为世界人口第五大国，其人口主要集中在东南部太平洋沿岸地区。根据巴西 2010 年的人口数据显示，2010 年巴西的人口总数为 1.91 亿；其中 44% 的人口集中在东南部太平洋沿岸的四个州，而且人口高度集中在沿海少数大城市，如圣保罗人口为 1885 万、里约热内卢为 616 万、萨尔瓦多为 259 万等。

（二）海岸线长度与宜居土地面积的关系

虽然地球上的陆地面积很大，但真正适宜人类居住的面积并没有想象中的那么大，这也恰恰说明人类为什么集聚生活在少数的土地上。适宜人类生存居住的环境（宜居面积）一般具有气候适合、地形地貌适合，降水量适合、拥有充足的水源、受自然灾害的影响较小等特征。世界各国宜居面积分布是极不均匀的，最宜居的地理环境主要分布在西欧、北美、东亚、南美南部、澳洲大陆、非洲南部。表 2－6 给出了宜居面积前十名的国家。

表 2-6　宜居面积前十名的国家

排名	国家	宜居面积（万平方公里）	领土面积的比重（%）	宜居面积人口密度（人）	海岸线长度（千米）
1	美国	750	80.04	42.03	19924
2	中国	500	52.08	270.64	14500
3	巴西	425	49.93	46.66	7491
4	加拿大	335	33.55	10.33	202080
5	俄罗斯	260	15.23	54.88	37653
6	澳大利亚	230	29.92	9.67	25760
7	印度	225	75.50	559.08	7000
8	哈萨克斯坦	190	69.67	8.95	4989
9	阿根廷	165	59.63	24.92	9330
10	墨西哥	100	50.69	116.1	19924

资料来源：宜居城市研究室（www.elivecity.cn）。

一个国家宜居面积的多寡往往与该国是否靠近海洋或者是否有河流湖泊流经有关。利用宜居城市研究室计算的 2013 年世界主要国家宜居面积的相关数据，分析一国宜居面积与海岸线长度的关系，能够发现两者的对数值呈现正相关关系，线性相关系数为 0.56，如图 2-5 所示。这说明，一国海岸线越长，宜居面积就会更多。

（三）人均海岸线长度与人口密度的关系

海岸线的长度会对一个国家的人口密度产生影响，换言之，一个国家的人均海岸线越短，人口密度就会越高，反之亦然。选取统计数据可以获得、总人口超过百万并拥有海岸线的 112 个国家在 2010 年的数据为研究对象，分析其人口密度与人均海岸线长度之间的关系，如图 2-6 所示。由图 2-6 可以看出，两者的对数值呈现负相关关系，线性相关系数为 -0.40。这说明，一国人均海岸线越少，人口密度越高。

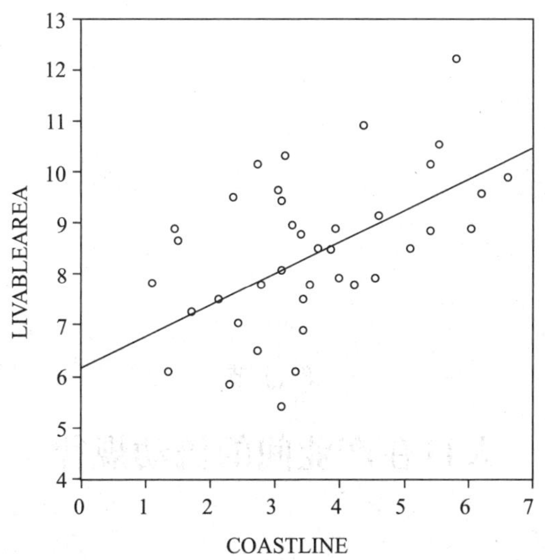

图 2-5　宜居面积与海岸线长度

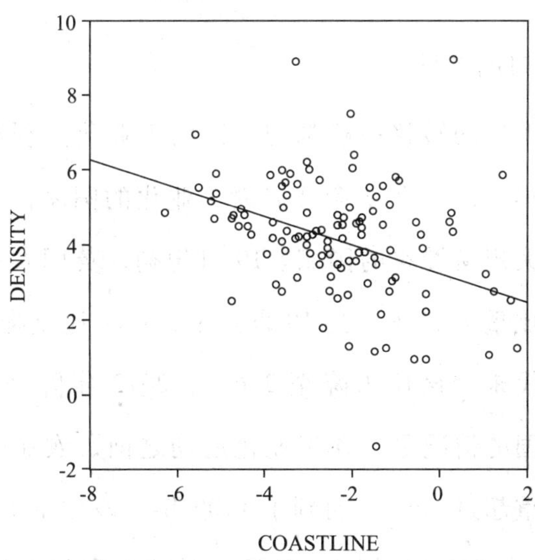

图 2-6　人口密度与人均海岸线的关系

第 3 节

人口在产业间的流动规律

（一）世界人口在三次产业间的流动

1. 农业人口的转移

农业劳动人口的转移一般都与一国的工业化过程相伴而生。英国是世界上最早开展工业革命和启动工业化的国家，也是第一个完成农业劳动力大规模转移的国家。19 世纪初，英国农业劳动力占社会总劳动力的比重为35%，到 19 世纪末，这一比重降至 10%以下，20 世纪 70 年代末，该比重降至 2.6%，2012 年降到 1.2%，如图 2－7所示。美国的情况是，在工业化启动之前，农业劳动力占社会总劳动力的比重超过 70%，而到了 1900 年，该比重下降至 40.4%；从 1910 年开始农业人口供给出现了相对减少和绝对减少并存的现象，该现象日益加剧；到 20 世纪 70 年代，美国农业劳动人口完成了大规模的转移，进入缓慢稳定阶段，如图 2－8 所示。日本农业劳动人口的大规模转移发生在 20 世纪 50 年代之后；1950 年日本农业就业人口的比例为 53%，到 1955 年该比例降至 41.0%，到 1980 年降至 10.9%，如图 2－9 所示。

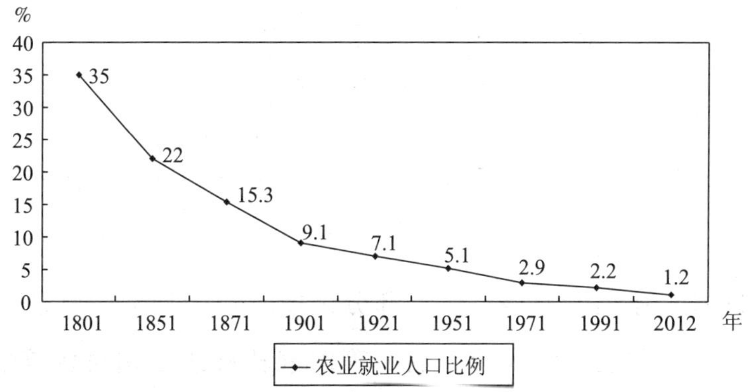

图 2－7　英国农业劳动人口转移的历史演变

资料来源：1971 年之前的数据来源于武晓鹰，① 1991 年之后数据来源于世界银行数据库。

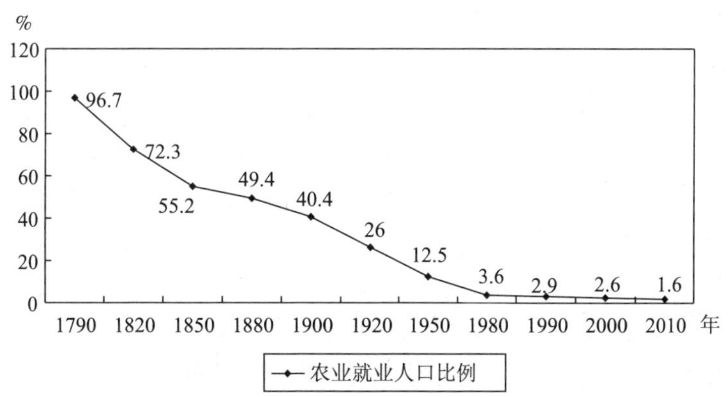

图 2－8　美国农业劳动人口转移的历史演变

资料来源：1980 年以前数据来源于武晓鹰（1987），以后数据来源于世界银行数据库。

① 武晓鹰．人口—经济结构转变模式的国际比较［J］．世界经济，1987（5）：42－48.

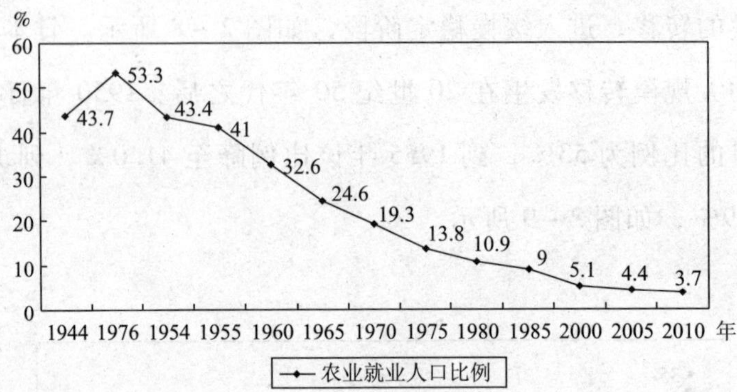

图 2-9　日本农业劳动人口转移的历史演变

资料来源：2000 年以前数据来源于张季风，① 2000 以后数据来源世界银行数据库。

发展中国家农业劳动人口的转移相对比较缓慢。第二次世界大战后，随着工业化的发展，拉美部分国家农业劳动力转移速度非常快，而亚洲的印度、孟加拉、老挝等国家转移速度相对比较慢。根据世界银行的统计结果显示，1994 年中低等收入国家农业就业人口的比重的平均水平为 53.35%，到 2013 年该比重降至 43.03%，20 年间仅下降了 10%，如图 2-10 所示。

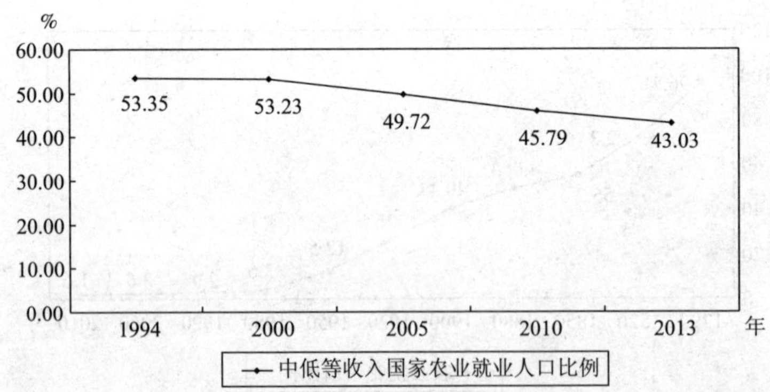

图 2-10　中等收入国家农业就业人口转移的历史演变

资料来源：世界银行数据库。

① 张季风. 战后日本剩余劳动力流转移及其特点［J］. 日本学刊，2003（2）：79.

中国农业劳动人口的转移速度明显快于发展中国家的平均水平。1980 年中国农业就业人口的比重高达 68.7%，到 2011 年下降至 34.8%，下降了 33.9%，如图 2－11 所示。但与中国的工业化进程相比，农业劳动人口的转移仍然具有一定的滞后性，农业中滞留了大量的剩余劳动力。这主要是受到中国“二元”劳动力市场结构以及户籍管理制度等因素的制约。

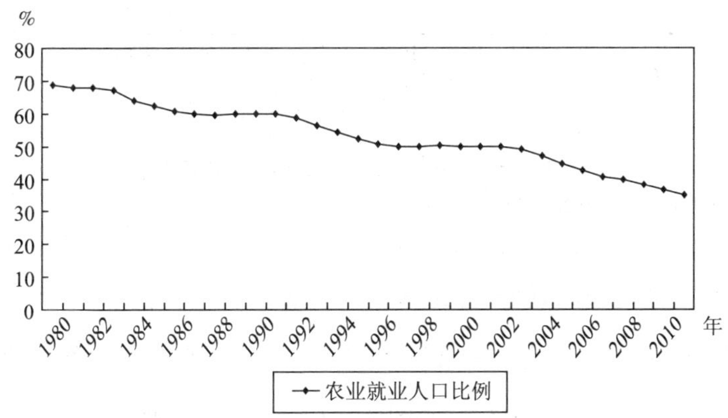

图 2－11　中国农业就业人口转移的历史演变

资料来源：世界银行数据库。

2. 工业人口的转移

随着科学技术的发展，第二产业日益向资本密集和技术密集的方向发展，限制了第二产业的劳动力吸收能力，使得第三产业一开始就成了吸收劳动力的主要部门之一。世界各国无论发展水平如何，均在不同程度上发生了就业人口由第二产业向第三产业的转移。

工业在 20 世纪上半叶一直是英国吸收就业人口的主要部门，1901 年工业就业人口达到 51.2%，一直维持了半个世纪，1951 年该比例变为 49.2%。随后开始发生工业就业人口的转移，到 1971 年工业就业人口降至 37.9%，到 2012 年该比例达到 18.90%，如图 2－12 所示。

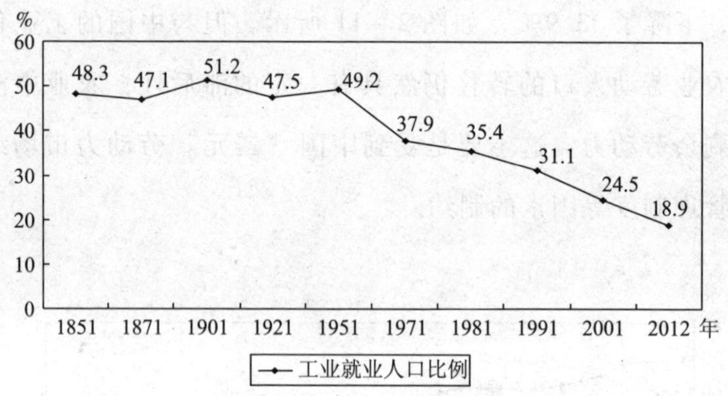

图 2－12　英国工业人口转移的历史演变

资料来源：世界银行数据库。

美国工业人口的转移主要从 20 世纪 50 年代开始，1950 年美国工业劳动人口占总就业人口的比重为 37%，1960 年下降至 29.0%，2010 年继续下降至 16.7%，如图 2－13 所示。这些工业就业人口基本都转移到了第三产业。1820 年美国第三产业就业人数仅占总就业人数的 15%，到 1950 年该比例达到 54%，美国成为第一个“服务经济”国家，即一半人口不从事实物生产，再到 2010 年该比例越升至 81.2%。

日本工业人口的转移发生在 20 世纪 70 年代。1976 年日本工业就业人口占总就业人口的比重为 35.1%，到 1980 年下降至 33.5%，到 2010 该比例达到 25.3%，如图 2－14 所示。第三产业就业人口的变化情况是：19 世纪 80 年代，第三产业就业人口占就业人口的比例为 10% 左右，到 1920 年达到 23.8%，1980 年达到 55.4%，2010 年为 69.7%。

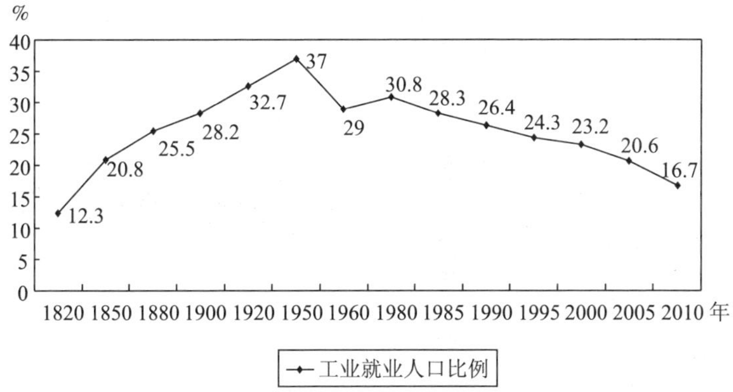

图 2－13　美国工业人口转移的历史演变

资料来源：世界银行数据库。

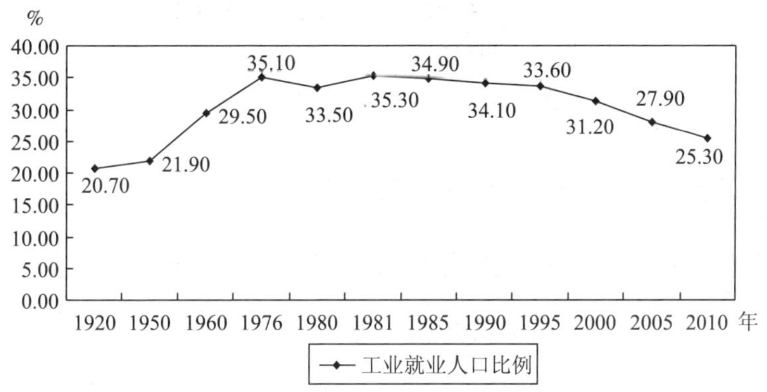

图 2－14　日本工业人口转移的历史演变

资料来源：世界银行数据库。

由于中国正处于工业化后期，三次产业吸收就业人口基本上是三分天下，工业就业人口占总就业人口的比例在 2013 年出现略微的下降，尚未发生工业就业人口向第三产业的大规模转移现象，如图 2－15 所示。2013 年中国第一、二、三产业产值之比为 10∶43.9∶46.1，而就业人口之比为 31.4∶30.1∶38.5。中国就业人口的产业分布特征是“三、一、二”，正在发生人口由第一产业向第二、三产业的转移。

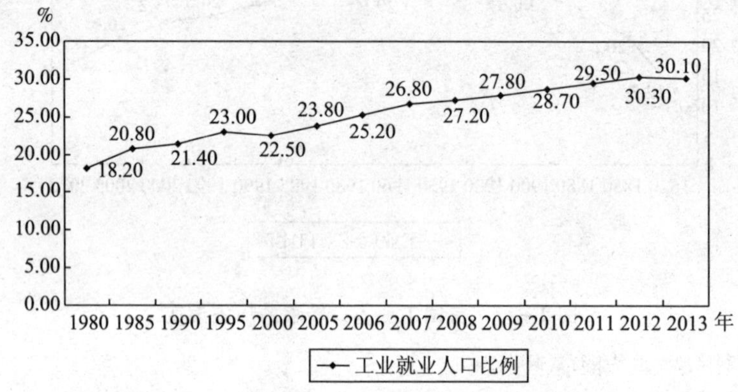

图 2－15　中国工业人口转移的历史演变

资料来源：《中国统计年鉴（2014）》。

（二）人口流动与产业结构演进

日本人口经济学家黑田俊夫指出，没有人口流动就没有现代化，现代化的历史是人口流动的历史。现代化的实现是产业结构不断升级的过程，在这一过程中，人口流动规模和产业结构特征的相关性表现十分明显①。

早在 17 世纪，英国经济学家威廉·配第就发现随着经济的不断发展，产业中心将逐渐由有形财富的生产转向无形的服务性生产，因为工业往往比农业、商业往往比工业的利润更多。英国经济学家克林·克拉克在威廉·配第的基础上，深入分析了就业人口在三种

① 王新华，戴维周．人口流动与产业结构升级的相关性分析［J］．南京人口管理干部学院学报，2006，22（4）：57－61.

产业中分布结构的变动趋势，得出有关于产业结构与劳动力分布关系的演变规律，即配第－克拉克定理。该理论认为：随着经济的发展和人均收入水平的提高，劳动力首先从第一产业向第二产业转移，然后由第二产业向第三产业转移。劳动力在产业间的分布情况是：第一产业减少，第二、三产业增加。

美国经济学家库兹·涅茨在继承克拉克研究成果的基础上，研究国民收入和劳动力在各产业之间分布的关系。他研究发现，第一产业劳动力相对比重和国民收入相对比重都为不断下降趋势；第二产业劳动力相对比重基本稳定或略带上升，而国民收入相对比重趋于上升；第三产业的劳动力相对比重趋于上升，而国民收入相对比重基本稳定或略带上升。

刘易斯将一国经济分为农业部门和工业部门，认为由于劳动边际收益率高低而引发了农村劳动力源源不断地流向城市工业部门，同时城市工业部门因为高劳动生产率和低劳动力成本获得巨额的超额利润，不断地扩大工业部门以吸收农业部门的剩余劳动力，直到两部门的劳动生产率相等为止。这时农村剩余劳动力被吸收完毕，一国的工业化过程也相继完成。

无论是配第－克拉克定律、里昂惕夫的投入—产出分析还是库兹涅茨的变动趋势研究、钱纳里的“标准结构”以及日本学者的“雁行形态论”等，这些产业结构理论从总体上都论证了产业结构的发展和演变规律遵循着：第一产业无论从产值还是从劳动力分布来看，其所占份额都存在不断减少的趋势；第二产业所占份额则首先是迅速增长，然后趋于稳定；第三产业所占份额则一直增长，存在由“一、二、三”向“三、二、一”的转变趋势。

当今世界劳动人口产业分布情况是：1980—2012 年间整个世界就业人口的演化趋势是第一产业比重逐年降低，第二产业的比重基本稳定略有下降，第三产业的就业比重逐年上升；第三产业的就业比重一直高于第二产业和第一产业，第二产业一直高于第一产业，如图 2－16 所示。这说明同时存在第一产业劳动人口向第二产业和第三产业的转移以及第二产业劳动人口向第三产业的转移。从平均值的角度来说，劳动力在三次产业的分布已经完成了由“一、二、三”向“三、二、一”的转变。

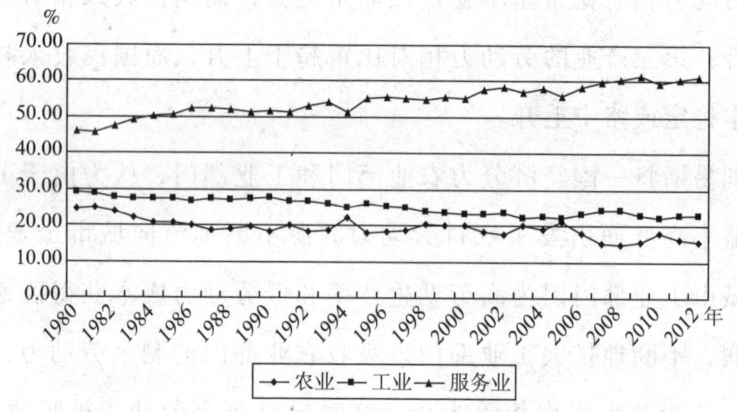

图 2－16　1980—2012 年世界人口三次产业就业比重①

资料来源：世界银行数据库。

① 三次产业就业比重的计算是按照世界银行数据库中公布数据的所有国家的平均数计算得出，每年公布数据的国家并不完全相同，因此计算得出的数据与实际会存在一定的偏差。

第 4 节

人口迁移与流动催生特大城市

（一）世界特大城市数量急剧增加

随着农业人口向工业和服务业的转移，大量农村人口涌入城镇，使城镇人口的比重迅速攀升，许多大城市就是在乡—城人口流动与迁移的浪潮中发展起来的。1950 年 500 万以上人口的特大城市在全世界仅有 7 个，到 2015 年达到 73 个，是 1950 年的 10 倍，如图 2－17 所示。当然，特大城市的涌现也和世界人口的迅猛增长密切相关。1950 世界总人口为 25.26 亿，其中有 7.46 亿为城市人口，城市化率为 29.53%；到了 1987 年世界人口达到 50.45 亿，接近翻一番，其中城市人口为 21.1 亿，城市化率为 41.9%；再到 2013 年世界人口达到 72.44 亿，其中城市人口为 38.8 亿，城市化率达到 53.6%，如图 2－18 所示。按照目前的城市化水平来计算，有接近 40 亿的人居住在城市，而且还存在着进一步增加的趋势，不断提高的城市化水平，大城市和特大城市的数量还会进一步增加。根据联合国的预计，到2050年世界城市化水平将达到66.4%，将有63.39亿的城市人口。

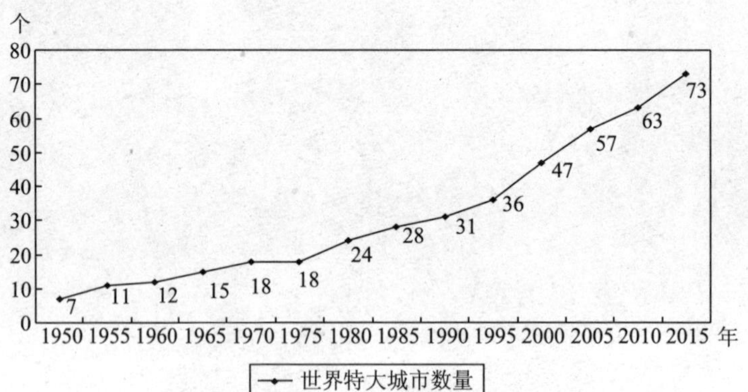

图 2-17 1950—2015 年世界五百万以上人口特大城市数量

资料来源：联合国《全球城市化发展报告（2014)》。

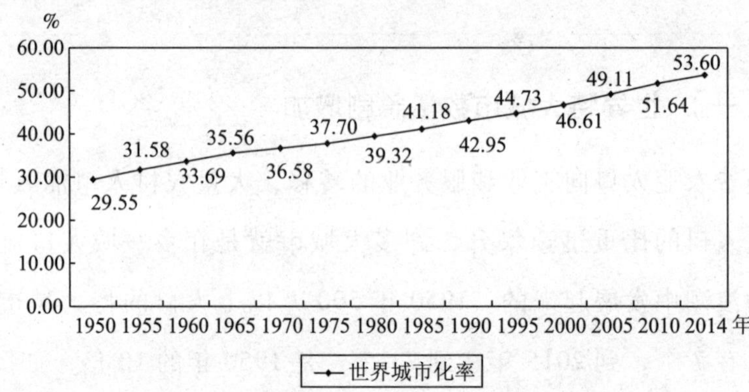

图 2-18 1950—2014 主要年份世界城市化率

资料来源：联合国《全球城市化发展报告（2014)》。

（二）世界特大城市空间分布极不均衡

从世界特大城市的空间分布状况来看，1950 年人口超过 500 万的特大城市全世界共有 7 个，其中 3 个在欧洲，2 个在亚洲，北美洲和拉丁美洲各 1 个，非洲 0 个；到 1980 年世界特大城市共有 21 个，比 1950 年增长 2 倍，其中亚洲 13 个，拉丁美洲 4 个，北美洲 3 个，欧洲 3 个，非洲 1 个；亚洲特大城市数量比 1950 年增长了 5 倍，拉丁美洲增长了 3 倍，而欧洲没有增长。到 2015 年全球特大城市达到 73 个，比 1980 年增长 2 倍多，其中亚洲 44 个，北美洲 9 个，拉丁美洲 8 个，非洲 7 个，欧洲 5 个；与 1950 年相比，亚洲增长 21 倍多，拉丁美洲增长 7 倍，北美洲增长 8 倍，非洲从 0 个增加到 7 个，欧洲增长 60%，如图 2－19 所示。

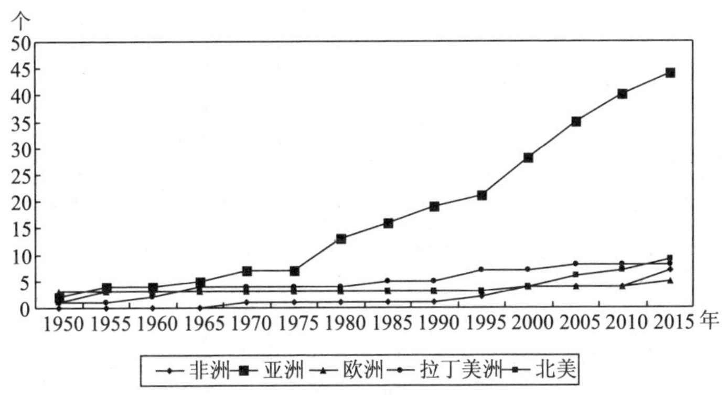

图 2－19　五百万以上人口特大城市的地理分布

资料来源：联合国《全球城市化发展报告（2014）》。

基于上述数据不难发现，当今世界特大城市的分布极不均衡，而且发展速度差距较大。亚洲是世界特大城市最多也是增长速度最快的地区，而欧洲特大城市最少而且增长速度最慢。亚洲之所以特大城市最多而且增长最快的主要原因有两个：其一，由于亚洲人口基数比较高，增长速度比较快；其二，在 20 世纪 50 年代亚洲城市化水平比较低，20 世纪下半叶城市化水平迅速提升。相反，欧洲主要国家较早的完成了城市化进程，而且人口增长缓慢导致了特大城市数量增长缓慢。

从未来发展趋势来看，随着亚洲和非洲国家城市化水平的进一步提升，还会催生出更多的特大城市。根据联合国《2014 全球城市化发展报告》的预计到 2050 年亚洲的城市化水平将提高至 64.2%，比 2015 年增长 33.1%；非洲将提高至 55.9%，比 2015 年增长 38.3%；而欧洲、拉丁美洲、北美洲和大洋洲仅有 11.33%、8.01%和 7.08% 的 3.88% 的增长率，如图 2－20 所示。由此可见，未来将会有更多的的特大城市在亚洲和非洲诞生。

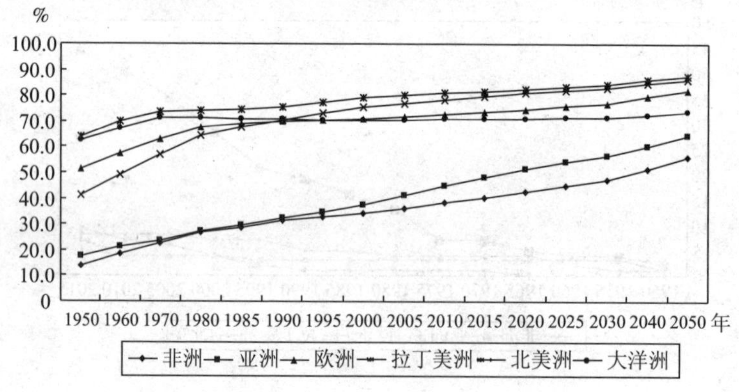

图 2－20　1950—2050 主要年份各大洲城市化率

资料来源：联合国《全球城市化发展报告（2014）》。

（三）发展中国家的特大城市明显偏多增长更快

从经济发展水平与收入水平的角度来看，发展中国家和中等收入国家的特大城市明显偏多，而且增长速度更快，如图 2－21 所示。1975 年，发展中国家和发达国家特大城市的数量都是 9 个，到 1980 年发展中国家特大城市数量增加到 15 个，而发达国家没有变化；到 2010 年发展中国家特大城市数量增加到 46 个，发达国家增加到 15 个；到 2030 年发展中国家特大城市数量将达到 83 个，发达国家将达到 21 个。最不发达国家的情况是，1990 年之前，特大城市数量为 0，到 1990 年产生 1 个特大城市，2015 年达到 5 个，到 2030 年将达到 14 个，增长速度一直非常缓慢。

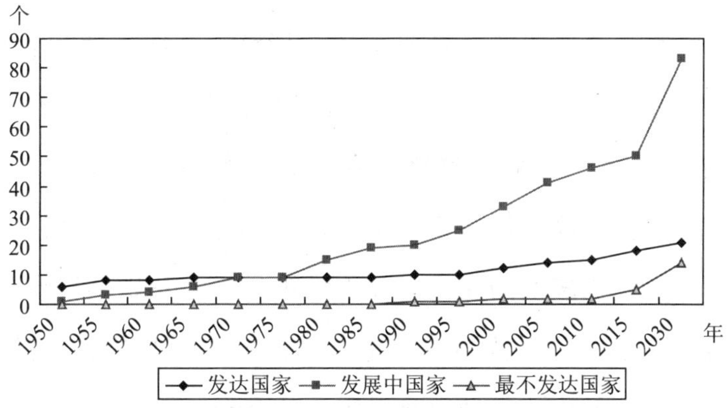

图 2－21　不同发展水平国家五百万以上人口城市数量

资料来源：联合国《全球城市化发展报告（2014）》。

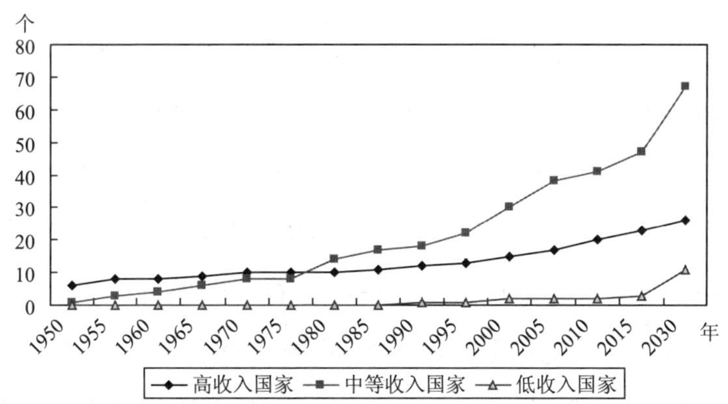

图 2－22　不同收入水平国家五百万以上人口特大城市数量

资料来源：联合国《全球城市化发展报告（2014）》。

（四）特大城市的优先增长

1961 年法国地理学家戈特曼（Jean Gottman）在其著作《大都市连绵区：美国东北海岸的城市化》中提出了大城市化（Metropolitanization）的概念。国内学者胡兆量（1986）较早的提出了“大城市超前发展规律”即大城市人口的增长速度比城市人口增长快，比总人口增长更快，大城市的超前发展具有普遍性、反复性和客观性[①]。饶会林（1989）提出由于城市规模效益规律的作用，人口和其他生产要素会以较快的速度向较大城市集中，特别是城市化的初、中期阶段，大城市的个数和人口都有加速增长的趋势。这就是所谓的大城市化。大城市化是城市化过程中的必经阶段和普遍规律[②]。

1. 世界特大城市的优先增长

从世界各规模城市人口增长情况来看，在 1950—2030 年间的多数年份，特大城市人口增长率都高于其他规模城市的人口增长率，如图 2－23 所示。各规模城市人口每 5 年的平均增长率分别为：特大城市为 20.92%，100 万～500 万人口的城市为 14.5%，50 万～100 万人口的城市为 13.68%，30 万～50 万人口的城市为 12.30%。

从世界各规模城市数量增长情况来看，2030 年以前，500 万以上人口的特大城市数量比其他规模城市数量的增长速度更快，2020—2030 年间 50 万～100 万人口的城市数量增长速度略微超过特大城市，如图 2－24 所示。人口在 100 万～500 万和 50 万～100 万的

① 胡兆亮．大城市的超前发展及其对策［J］．北京大学学报（哲学社会科学版），1986（5）：116－120.

② 饶会林．试论城市规模效益［J］．中国社会科学，1989（4）：3－18.

城市增长速度基本相当，而30万~50万的小城市增长速度最慢。1950—2010年，世界500万人口以上的特大城市数量增长了8倍，100万~500万人口的城市数量增长了4.3倍，50万~100万以上人口的城市数量增长了近4倍，30万~500万以上人口的城市数量增长了3.9倍。

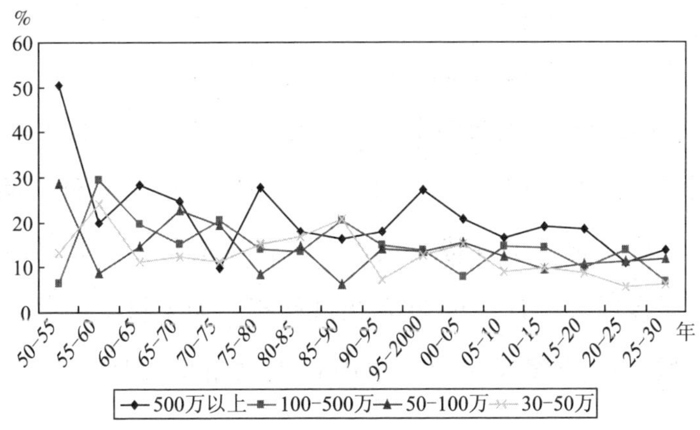

图2-23　1950—2030年各规模城市人口增长率

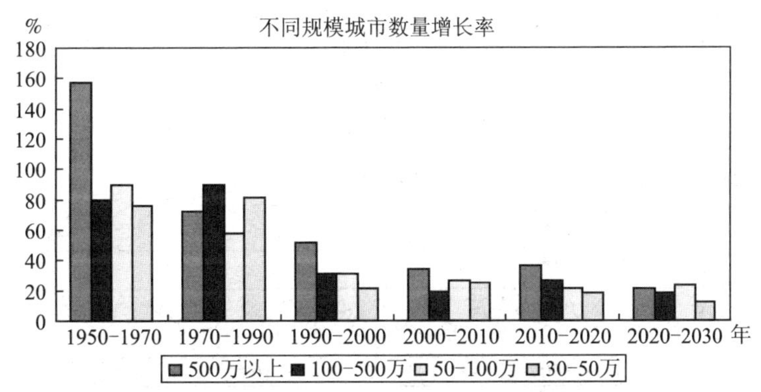

图2-24　1950—2030年不同规模城市数量增长率

资料来源：联合国《全球城市化发展报告（2014）》。

以上数据充分说明，在城市化发展的中前期，人口规模越大的城市，其城市数量增长速度越快，大城市具有优先发展的规律。

2. 中国特大城市的优先增长

从中国特大城市人口增长的角度来看，中国特大城市人口的优先增长主要从在20世纪90年代开始，到2020年以后，这种优先增长的趋势正逐渐消失。20世纪90年代开始到21世纪的前20年是中国城市化快速发展的阶段，也是人口迁移与流动相对比较自由的阶段，中国特大城市的优先增长也基本上发生在此阶段。20世纪60—70年代，中国开展大规模的上山下乡运动，结果导致特大城市人口出现负增长。随着上山下乡运动的结束，在70年代末和80年代初，返城人口急剧增加，出现特大城市人口快速增长。在此之后，特大城市人口缓慢增长，直到90年代出现转折。如果抛除国家政策的影响，按照城市化的发展规律，中国特大城市优先增长的规律是显著的。

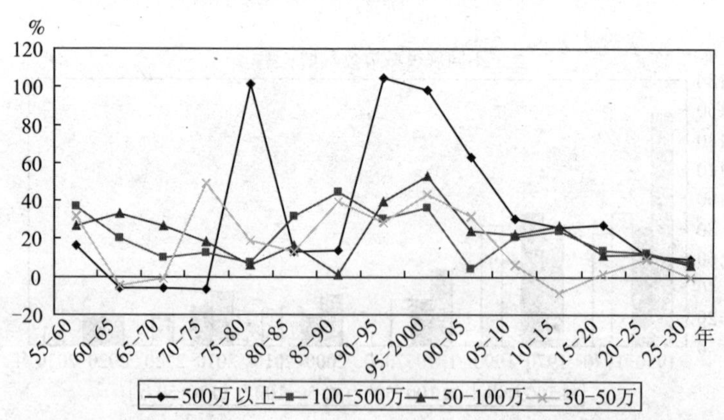

图2-25 1955—2030年中国各规模城市人口增长率

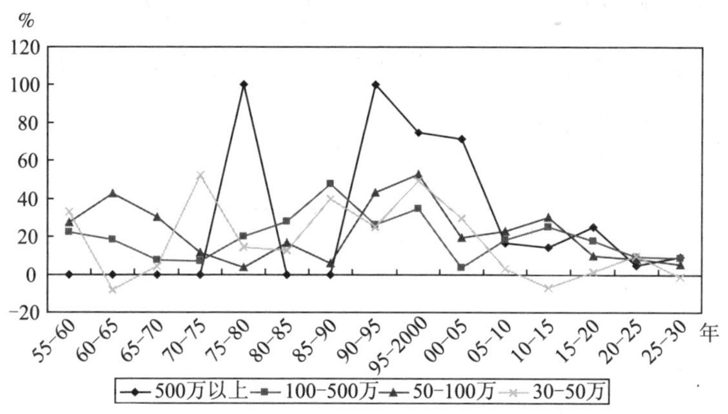

图 2-26 1955—2030 年中国各规模城市数量增长速度

从中国特大城市的数量来看，500 万以上人口的特大城市数量在 1955 年为 1，到 2015 年达到 16 个，增长了 15 倍；人口为 100 万~500 万的城市在 1955 年共 9 个，到 2015 年达到 89 个，增长了 8 倍多；人口为 50 万~100 万的城市在 1955 年共 11 个，到 2015 年达到 155 个，增长了 13 倍；人口为 30 万~50 万的城市在 1955 年共 18 个，到 2015 年达到 147 个 7 倍多。从城市数量增长来看，从 20 世纪 90 年开始，到 21 世纪的前 10 年，特大城市数量的增长速度明显高于其他规模城市，城市数量增长速度的变化趋势与城市人口增长速度的变化趋势是一致的。

3. 特大城市优先增长的终结

特大城市人口优先增长的趋势只是城市化发展的阶段性特征，这种优先增长的趋势不会无限进行下去。由图 2-23 可以看出，特大城市优先增长的趋势在 20 世纪 50—70 年代表现最为突出，在此阶段世界城市化水平在 40% 以下；随着世界城市化水平的不断提高，特大城市优先增长的趋势在不断减弱；预计到 2020—2030 年间，各规模城市呈现均衡增长的态势，此时世界城市化水平在60%左右。特大城市数量增长率与城市化率呈现负相关关系，相关关系为-0.38，如图2-27所示。

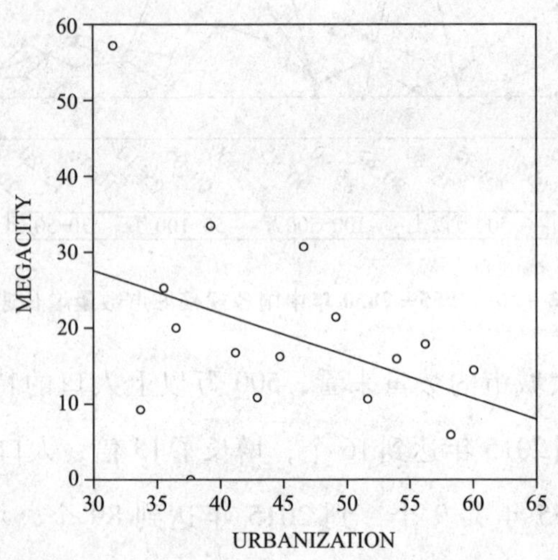

图2-27 特大城市增长率与城市化率的关系

从中国特大城市人口增长来看，2020—2025年间，100万~500万人口的城市人口增长率最快；到2030年虽然500万以上人口的特大城市人口增长率再一次超过其他规模的城市，但优势并不十分明显。在2030年以后，中国也将出现特大城市优先增长现象的终结。

Rethinking China's
Urbanization and Metropolis

·第三章· 大城市之魅力何在

根据中西方学者们对城市增长理论的分析可知，本质上城市的诞生是根据它的服务等需求而诞生的，也可以理解成内需动力（见第四章大城市增长模型），主要包括教育、医疗、社保、市政、信息等多样化的生活需求，也包括市场规模和机制，经济全球化等所带来的经济内需，甚至从某种程度上说，“城市病”可以为新产业、科技进步与管理升级提供一个机会；城市，特别大城市是金融、政治和管理权力的所在地，能提供多种多样的服务和机会，承担更大的人口，提供更多的就业岗位和更高的收入。人们对美好生活的向往是城市发展和演变的出发点，不论是对企业和个人微观主体的投资兴业选择而言，亦或是对宏观经济发展、政府对城市的治理而言，规模经济、规模人口、市场集聚、创新创业、多元机会等是大城市持续存在与发展的魅力所在。

第1节 占据全球化时代下的优势地位

（一）占据城市体系的高位

全球化与信息化已经成为推动世界大城市发展的主要驱动力，直接带来的是商品、资金、人员和各国贸易之间流动的规模与频率总体上激增的态势；这些交流主要发生在城市之间，各个不同的大城市被许多有形的网络（交通与电信）和无形的网络（政治、经济、文化和科技）联系在一起，从而吸引着人们不断的涌入这些城市。因此迅速增长的大城市不仅已经是一个地区或者国家的现代化发展的引领者，甚至已经成为了全球化进程中重要的参与者。特别是1980年以来，经济全球化进程的加快，在信息技术革命的推动下，大城市以其丰富的资源，包括信息、知识、高科技等，加快了区域经济一体化的进程，吸引了跨国大企业集团和金融集团的落户与扎根，它们类似于网络中一个个“强大的集散点”，能够在大学、生产者与消费者等社会参与方之间建立多方位的交流与联系，并使之不断更新换代，为经济增长提供了新的动力。

另外，全球一体化与信息化的浪潮，对城市体系的影响尤为明显，不同地位城市导致在国际分工中的角色也不同，尤其是体系中处于定点的大城市，比如纽约、伦敦、香港、东京、上海等；这些处于等级体系中较高位置的城市承担着整个国家、区域甚至全球经济的指挥、管理与运作，而一般性的城市则只充当分工的角色。大城市因此吸引了信息产业的主要投资来源，而且在一些大都市区域已经拥有三家或者更多在价格上相互竞争的高质量、高容量的数字信息公司，以提供各种特定的服务。比如法国80%以上的远程通信系统的投资都集中在巴黎；深圳的电子信息产业也占据了全国六分之一多的产值，第三十届中国电子信息产业百强企业名单中，仅深圳就有20家企业入围，华为技术有限公司更是连续九届位居榜首。

（二）大城市是信息技术产业的载体

在信息化时代下，科技与体制创新是时代发展的主要推动力。大城市作为全球化发展中的“网络节点”是整个国家或者地区最先受到全球化影响的地方，新的国家劳动分工也导致了产业活动的高度集中，并赋予了大城市新的职能，加速了区域与城市的产业结构变革。从全球角度来说，发达国家的大城市已经进入后工业化阶段，大城市主要以城市化质量提高为主，注重转型升级与创新发展，一些发达国家的大城市成为全球性的巨型跨国公司管理与运营中心；而在发展中国家和地区的大城市则大多处于工业化的初期或者中期阶段，主要以外延式增长为主，偏重规模的扩张；但部分进入工业化中期的发展中国家，比如经过三十多年快速发展的中国的大城市也在科技、市场与制度方面积累了一定的成果，为冲击信息产业与高端科技行业创造了基础。

信息产业或者信息技术园区的区位与其所依托的大学、高等院校和研究院有着紧密的联系；而大城市往往聚集了较多的科研与研发结构，可以承载这些产业的成长与发展；另外这些产业在大城市中的空间布局相对比较集中，也往往拥有完善的信息与交通基础设施，实行有利于研究和开发的优惠政策，并拥有相对较好的自然环境与较高的生活质量。

比如被誉为欧洲硅谷的 Kista（希斯塔），就坐落在瑞典斯德哥尔摩，依托瑞典皇家理工学院、斯德哥尔摩大学、斯德哥尔摩经济学院与卡洛琳斯卡医学院等世界顶级高校，让爱立信等信息产业科技公司的发展得到了极大的研发技术支撑。再比如，被誉为中国硅谷的中关村是中国第一个国家级的高新技术产业开发区，就位于中国科教智力和人才资源最为密集的区域，拥有以北京大学、清华大学为代表的高校近 41 所，以中国科学院、中国工程院等所代表的国家科研院所超过 206 家，并拥有国家级重点实验室 67 个，国家工程研究中心 27 个，大学科技园 26 家，留学人员创业园 34 个等。这些信息产业园的意义在于培育新的生产力与生产关系组织形式，即依托大学、科研院所。使得科技创新与产业相结合，开发高技术产品，创造了新产业；将科学研究、产品开发与企业活动等相结合，形成了一种新型的经济形式和体系。

第2节

更容易实现规模经济与核心聚集力

相对于一般城镇或非城市地区，大城市往往由于人口集聚、交易集中和企业集群，更容易实现规模经济效应，更接近各类要素与商品交易市场，更方便开展各类创新与创业活动，同时具备更加多元化的创业就业机会，可使个人、企业等微观主体在经济选择上更具竞争力。

（一）更容易实现规模经济效应

传统意义上的规模经济现象是指生产部门生产某产品的长期单位成本随产量的增加而递减，则该生产部门存在因生产规模的扩大而创造出来更多的经济收益。反之，如果生产部门的长期单位成本随产量的增加而递增，那么，生产规模的扩大造成了其更多的成本付出，则被称为规模不经济现象。

人口、资本等资源集聚是城市的本质特征和城市化的重要路径。

某一社会经济因素的变化会引起另一社会经济因素的变化，而第二轮变化又会反过来推动最初的那个变化，导致社会经济过程沿着最初的变化方向发展。因此，某一区域内出现有生命力的增长点后，会通过乘数效应而逐步扩展，并创造出新的增长点或扩大增长中心。这个循环过程就像滚雪球一样越滚越大，带来城市经济的快速发展。

大城市就是在这种循环累积的过程中逐渐成长的。社会经济活动及相关的经济要素在空间集中，从而引起资源、信息、基础设施等利用效率的提高，由此产生成本的节约、收入或效应的增加。而且更重要的是城市一旦在技术、资金、人力资源等方面比周围地区拥有更多的优势，会使得生产活动不断向城市集聚，从而产生更集聚的规模效应和经济利益，形成区域经济增长的重要极点，带动城市持续扩大。

大城市更加有利于人口、资源的空间集聚，而人口、资源的空间集聚又给经济活动带来了独特的影响和更加明显的规模经济效应，规模生产降低成本、专业分工提高效率，进而对投资者和人口产生了强大的吸引力。

（二）大城市核心区的超强聚集力

因规模庞大的外来人口基础和城市化阶段与世界发达国家的有所不同，我国大城市的规模经济和经济聚集效益都能够持续显现。比如上海有多层次、多级别的商业空间体系，但作为大城市商业核心区的南京东路和四川北路，两个商业区的交通小区的吸引数量和消费出行吸引总量是其他商业区的 3 ~ 6 倍。这些只能出现在大城市里高级别的商业区和繁华的商业街的持续聚集力量，还来自于其悠久的历史积淀，以及依托历史文化街区而建设起来的集商务、购物、休闲与餐饮等为一体的城市综合空间；这些市民喜爱休闲的区域也是市政府重点的发展对象，积累了人气、聚集了丰富的生活与生产资源，有成熟的社区资源与基础设施的配备，更是增强了它们聚集人口的超能力。

再比如，有着深厚历史积淀的西城区与东城区仅占有北京市建设用地的不到3%，但与北京其他城区相比，他们的行政、商业、文化与旅游等功能非常显眼，其餐饮与住宿单位的密度要远高于其他城区，是朝阳区与海淀区的三倍以上，甚至是丰台区与石景山的九倍；星级饭店的密度也远高于其他城区，占全市的四分之一以上；医疗资源与文化资源的水平也很突出，仅博物馆数量就占到全市的41%，平均每千人的执业医师数量也是其他城区的好几倍。

大城市中心区的发展经历了长期的历史与文化积淀，其商务、休闲、文化与教育等资源成熟且丰富，生活便利、工作机会多，形成了巨大的吸引力，最能体现出大城市典型的超强聚集优势。

（三）更加接近各类交易市场

大城市往往是物质文明和精神文明的中心，具有更多的人口、更多的产业和更大的空间，意味着其市场空间更大、流通成本更小，在相当大的程度上和一定范围内引领着大城市的消费习惯、消费模式、消费风格。

大城市本身具有密集性的特点，资金、劳务、信息、技术等要素高度聚集，形成了城市内部巨大的共享市场，降低了在交通、通信、创新等方面的成本，更重要的是形成了合理的分工与合作体系，促使了各类专业市场的自然发育与迅速扩大。与此同时，城市商品经济的进一步发展，也要求市场规模不断扩大，要求城市市场向纵深发展。

辐射性流通是聚集性流通的前提和保证。大城市能够通过日用工业品及相关的信息、资金、劳动力的向外流通，既保证了城市经济的正常运转，又对其流通所达地区的经济发展产生了积极的促进作用。市场的不断扩大才能保证生产规模的不断扩大和集中。此外，商品经济发展的内在联系，决定了国内市场与国际市场之间千丝万缕的联系，而直接发展这种联系以开拓国际市场的主要依托是城市市场，尤其是沿海开放城市的市场。随着我国商品经济的发展，产品优势日益形成，城市市场与国际市场的联系将日趋紧密，城市市场在开拓国际市场方面的作用将更为明显。

其中，会展经济因其自身具有的辐射性强的特点，成为了高度专业化的商品信息流交换的场地，因此会展经济发达的地区一般也是知识密集度最高、科技最发达，最具工业实力的地区。在中国，北京市的会展经济是发展最早、品牌展会最多、最有影响力的城市，会展业的产值从 2005 年的 61 亿左右直接提升到 2010 年的 172 亿多，年均涨幅超过 23%，对相关行业的带动系数保持在 1∶10 以上。上海也是中国非常有实力的会展城市，2010 年直接收入高达 136 亿元，比去年增长了 17%，举办的展览会超过 640 场，总展出面积高达 804 万平方米，参展商达 34 万家，参观人次超过 1000 万。这些城市的展会经济平均带动系数都超过了 1∶9，尤其是广交会的带动系数超过 1∶13.6，大大的提升了城市经济的繁荣度。

第 3 节

发达的双创与高质量的就业

由于大城市在城市化、工业化和现代化的发展过程中表现出较强的循环累积效应，经济、人口规模的扩大带来了地方财政实力的增强和服务、消费需求的增加，催生出不断完善的基础设施、日益提高的科技教育水平以及优裕的生活环境，进而又吸引着更多的风险资金、创业者和企业家不断创新创业，开展科技研究与各种开发活动。

（一）更容易实现创新与创业

大城市本身就是巨大的交易市场，对创新创业各类需求更加敏感有效。从商品市场作用看，各类创新创业的市场实现手段途径更多、市场需求反馈时间更短，所实现的投资效益也会更大；从要素市场作用看，资本供需、创意供需等信息更容易低成本、高效率对接，创新创业从设想到实践可以获取更多的社会资源、具有更大的成功机会；从商业运营环境来看，大城市往往行政体系相对完善，行政效率、行政透明度都很高、行政收费也非常低。

上海浦东新区以其透平公平的商业运营环境得到了海内外商业界的一致赞赏，已经形成以外资企业为主的城市创新体系，截止2015年底已经超过230家跨国企业公司的总部入驻浦东，行政审批减少20项，审批时间由22个工作日压缩到少于9个工作日，减少了一半还多，审批环节也压缩了近20%，比如食品安全、质检、税务、工商等都比国家法定时间缩减了90%。

技术创新与创业都需要大量的研发投入、资本与物质的投入，且面临市场、技术与产品风险，需要金融提供足够的支持来分散风险；深圳的创新、创业与创投已经逐渐形成了“铁三角”，资本市场成为创新活动的重要融资平台。到2016年5月，已经有注册资本超过2.7万亿，4.6万家VC和PE机构，占据了全国的三分之一还多。同时，有丰富资源的深圳市政府在2015年设立的高达400亿元的创业创新引导基金和新型产业引导基金也发挥了重要的杠杆作用，撬动了超过5000亿的资本市场，为创新型企业提供了重要的融资渠道。2015年底在深圳已经有202家上市公司，占全省近50%，高新技术企业7400多家，有超过3万多家的新型创新企业，占全省的60%还多，境外企业也高达320多家，中小板和创业板上市企业的数量更是连续10年居全国首位。

深圳已经形成以市场需求为导向、产学研一体化的自主创新模式，利用大数据、互联网与云计算等新技术，依托华为、腾讯与华大基因等科技型龙头企业组建了45个产学研联盟，培育了光启研究院、中科院先进院等70多家基础研究、应用研究和产学研一体化的新型研发机构，为创新型城市的建设夯实了基础。

表 3－1　2015 年深圳大中型工业企业科技活动

年份	2009	2010	2011	2012	2013	2014
企业科技活动人员（人）	161958	225999	218880	257006	239894	257100
科技项目经费内部支出（万元）	3097008	3954089	4645789	5300926	6092225	7875367
R&D 占主营业务收入比重（%）	1.99	1.64	2.2	2.46	2.71	2.79
科技活动项目数（项）	10659	17277	11947	12806	14369	14899
新产品产值（亿元）	2658.81	5113.65	5583.37	6010	6010	6663

（二）更多元的就业，更高的收入与更广阔的学习空间

在全球化与信息化程度逐渐加深的背景下，随着中国城市化进程的加快，流动人口的规模也在快速增大，各城市吸纳外来人口的能力也逐渐提升。但由于经济发展水平与产业结构的差异，不同规模的城市吸纳外来人口和提供的就业机会的能力是相差甚远的。吸纳能力就是城市所能吸纳外来人口的承载力，也就是指提供就业岗位、解决就业问题、实现充分就业的能力。为检验吸纳能力的区别，很多学者对不同规模的城市外来人口吸纳能力做了精确的定量分析。比如国内学者就以武汉、孝感与咸宁为例，从投资水平、经济发展水平、产业结构等指标与吸纳外来人口能力进行了关联定量分析，发现武汉的就业率和就业层次明显高于其他样本城市。究其原因，主要还是经济实力、基础设施、文化教育和其他资源的丰富度使得大城市具有更明显的优势。

对西方发达国家做城市职工收入溢价分析发现，城市规模与职工收入呈正相关关系。比如，巴黎职工平均收入比里昂和马赛高出15%，比法国国内的中等规模城市高出35%，甚至比农村高出60%

以上；而对西班牙最大城市马德里的男性职工收入进行分析可发现，其比本国农村地区职工收入高出50%还多；研究中即使控制了类比变量，比如教育水平、工作经验与行业类别之后，还是会发现同样的结果：大规模城市的收入依然明显高于其他城市与地区。

托夫勒在《第三次浪潮》中曾说，随着信息社会的到来，人们可以享受田园牧歌式的生活，同时可以做现代的产业活动。然而，实际结果并非如此，而是人们对大城市、大城市群取向、倾向、指向更要强烈，在中国的北京、上海等大城市中出现了形形色色的“北漂族”“上漂族”。可以看出，大城市对个人而言仍具有不可替代的魅力，使得人们忍受了背井离乡、高生活成本的所谓“漂流”生活。

究其原因，从城市经济与产业环境的宏观角度来解释，主要是四点。首先，较大的经济发展规模可以提供一个资源丰富的经济环境，“地盘大当然接纳能力就强”，而且大城市形成了更加规范有序、公平公正的各类交易市场，尤其是劳动力市场，人们可以在这个市场上公平地寻找工作岗位。同时，投资的多少则决定了公司等对这个城市未来的期望，当然市场发展有投资价值的领域和城市，就相对会产生更多的就业机会，反过来又会吸引更多的投资跟进。其次，大城市一般有雄厚的工业基础和经济基础，本身就拥有着实力较强的地产业、运输业和工业等，还为消费服务业的休闲旅游、餐饮与文化消费创造了基础，使大城市具有更加丰富多元的产业业态，而小城市由于经济总量小，产业业态的局限，根本就不需要某些专业的人才，也就较难吸引大规模的人口聚集，自然很难产生生态复杂的服务与文娱产业。再次，新崛起的信息产业和现代服务业比制造业的集聚力更大更强，也就是信息产业和现代服务业具有更大的大城市的集中取向；大城市更贴近科技文化等高新技术的中心，能更快地接收、应用新事物、新技术，自然可以提供更高质量的就业数量与机会。最后，较高的消费水平往往也意味着较好的服务质量，持续提高居民收入水平才可以支撑这样的消费，而消费又能拉动经济增长，进一步提高居民的收入也就增加了消费能力，因为收入与消费的这种正向之间的互相促进关系，最终会带动各个相关产业的发展，尤其是第三产业的带动。因此更高的工资水平和新产业、多岗位、广信息和公平的市场竞争就使得飘在城市里的人可以寻求多种就业和发展机会。

从个体角度去理解则发现，一般工作能力越强的人越倾向于去大城市，因为同样的工作在大城市的收入会更高，同时大城市也有利于自身的学习和进步，尤其是大城市能为个体经验的积累提供宝贵的交流机会；这些都可以转化成更高的人力资本，即使从工作单位离职后，依然可以受益于这些好处。这其实就是说的，大城市能使个人不断地积累更大的成长空间。静态数据方面，以东京为例，东京都市区的经济发展水平远高于其他几个县，无论是总产值还是人均收入。西方学者就此则做了详尽的定量动态分析，对同样的职位在大城市马德里与中等规模城市圣地亚哥做了测评发现，收入差距从第一年的9%，扩大到了十年后的36%。

这些都进一步说明，除了大城市宏观环境所带来的机遇，更重要的是其所产生的为个体提供的不断学习进步的发展空间要远远大于普通的小城市。因此说个体在哪里工作，有些时候比在什么行业工作对个人收入的影响可能更大。

第 4 节

多样化的生活选择

美国社会学家沃思把由城市的文化及特性，包括人口规模、密度与异质性等决定了城市居民的交往与生活方式成为“城市性”。城市，尤其是大城市因其高度集中的人口，纷繁复杂的社会分工，更开放性的结构，更大的流动性，尤其是具有多元化各类生活需求的外来人口不断集聚与人口频繁流动迁移，所决定了大城市内的生活的多样化，表现在餐饮住宿、购物消费、文化娱乐乃至社会交往等领域，与一般城市呈现出不同的特点。

（一）大城市的“集中”特点赋予更多文化、社交生活的选择

引起大城市生活方式多样化的原因是非常复杂的，但抽象来说是和大城市自身的特点分不开的。

首先，集中是大城市的基本特点，也是导致城市生活方式多样

化的主要原因。这种集中主要是高人口密度引起的经济与文化活动的集中，也就是大量工厂、商店、银行等经济机构的频繁的交往与联系。大城市还是科学文化中心，文化场所与机构的集中为城市居民学习文化、交流思想与经验、丰富精神世界提供了有效的平台。

比如，提供了更多的文化娱乐选择。伴随着城市文明的发展和人们生活素质的提高，文化娱乐成为城市生活的重要组成部分，也成为城市发挥影响力、提升竞争力的重要手段。大城市由于更加庞大的人口规模与更加频繁的人口流动，具有电视广播、文学出版、学术刊物、文艺表演等更大的文化娱乐市场的需求与供给。此外，大城市是区域发展神经网络中心，大城市的文化娱乐往往具有区域性影响力和辐射力。美国学者尼尔·R·彼尔斯说过："纽约的电视、广播报纸、杂志、书籍和时装，年复一年地塑造和影响美国人的思想，美国任何其它力量都无法办到"。人们在大城市生活与工作可以低成本、高效率地获得更多文化娱乐选择。

另外，大城市也提供了更多的社会交往选择。城市是依赖人类社会组织而存在的，城市社会的交往性是城市魅力的一个重要方面。大城市由于多种群人口集聚，往往具有多元社会群体融合的社会环境。城市（特别是大城市）给人们带来更为丰富的消费品和服务的种类，满足人们的需求。同时，城市也能够借助于人与人之间的互动产生相互的学习效应，从而有利于提高劳动生产率。优秀的人才之所以聚集在大城市，也是因为大城市比中小城市有更强的相互学习的效应。事实上，根据经验研究的发现，与高技能相比，低技能劳动者在城市中从其他人那里所获得的相互学习效应会更强。而那些知识分子、科技人才似乎对大城市的人文环境要求更高。

（二）大城市高度的“社会分工”提供了更多餐饮等消费选择

大城市具有高度分工的产业，也就极大的提高了其生产的专业化水平，促进了城市居民生活组织化程度的加强，促进了人与人之间的合作；也就说，社会分工程度越发达，居民对社会服务行业的依赖性就越高，相互之间就结合的越紧密。

比如，大城市提供了更多的餐饮住宿选择。大城市具有更多的人口集聚以及更加细化的行业分工，个人可以选择在家自己做饭，也可以选择在餐馆就餐，而一方面由于大城市创新创业、兴业就业的机会更多、工作压力更大，更重视休闲、健康与美食，个人会具有在外就餐的更多需求；另一方面，由于大城市众多人口，更多风格风味的餐饮细分市场均有足够就餐群体，各类餐馆就可以同时兴办，进而以较低成本、较多品种提供餐饮选择。这样，大城市餐饮的发展不仅可降低交易成本、实现规模效应，同时有利于餐饮提供者之间相互比较、相互竞争、相互学习，形成与城市就业者形成更加紧密的共生性。大城市产业工人大规模集聚、工作就业频繁流动，以及工作场所与居住场所不断分离，出租房、公寓成为大城市住宿中最具特色的构成元素。此外，大城市由于社会分层与消费分层更加明细，具有更多类型的住宅、公寓、酒店等形态，同时，完备的城市交通设施及公共交通设施可使城市住宿区位以串珠模式向郊区延伸，使在大城市具有现代化、田园式等更多居住风格选择的可能。

（三）大城市的“开放性”表现为更多样化的消费购物选择

城市本身是一个开放的循环系统，这也是其本质特征之一。作为经济社会的聚集地，城市的生存与发展依赖于城市内部各个系统之间的相互配合与协调；同时，城市作为社会大系统中的一个子系统，比如与社会其他的系统建立了互为因果、相互依存的复杂关系；城市内部之间的各个子系统、城市与城市之间、城市与农村之间相互依存和相互影响。也只有具备了这样开放性结构，城市才可以与外界系统不断的进行人才、信息等资源的交换，促进城市的优化。

这里最典型的莫过于市场、物质、资金与价值之间的交换，具体表现为多样化的消费购物行为。大城市人口众多的优势与交易成本的劣势使得零售与批发加速分离，零售商更加关注与大众客户直接接触，而批发商更加关注商品交易的数量规模。这样在大城市就形成了零售商不惜以支付高成本占据城市中心区位，以百货商店、品牌专卖等形式，更加便利地满足更多的消费群体的需求来获取规模经济收益；批发商则占据城市重要的交通辐射地，与城市以及农村的更多更广的零售商建立商家联系，以更大的商品交易量获取规模经济收益。从城市消费者角度看，大城市批发商对内外辐射的服务，也就是与内部各个消费市场相关的子系统与外部批发市场相关的子系统不断的进行交换与更新的过程，也就保障了城市消费具有了时尚性、领先性要素，大城市零售商的规模经济效益可使之克服中心区位成本较高，并且可以提供相对低廉、丰富和时尚的消费商品，消费者在大城市的消费更加经济、多元和引领时尚。

（四）大城市高度的“流动性”体现在便捷的对外交通服务

大城市的开放性又决定了其具有高度的流动性，主要指资源在不同系统之间的交换流动，包括看得到的物质流，比如自来水、电线、网线、煤气、道路网与汽车流等；也包括看不到的软性的，比如人际网络、人力资源、信息与知识等。

比如，大城市高度的流动性体现在更便捷的对外交通服务上。以状况表示城市地面建筑、人口等物理属性，以位置表示城市与周边地区广泛联系，从状况与位置两个维度回归全球大城市特征，可发现，每个大城市均处于陆路、水路或陆水交通枢纽的位置、它们均联接着一个更大的经济世界。

因此，大城市往往具有四通八达的对外交通体系和交通服务体系，对微观主体更加具有吸引力。对个人而言，在大城市能更加便捷快速地到达其他城市或地区工作出差、旅游度假；对企业而言，在大城市则更加容易实施对城市之外的经营网点开展管控，更加容易与城市之外的贸易伙伴开展沟通交流，更加容易培养企业向外辐射服务的品牌形象。

（五）大城市的“更新性”带来了互联网下的新生活

在信息技术革命的前提下，云计算、大数据等对大城市的发展产生了多方位深远的影响。一方面，改变了人们的生产与生活方式，极大了影响了城市空间与功能结构模式的再组织；另一方面，随着城市从“物质发展”到“后现代主义”，居民对物质的追求开始慢慢被文化与精神需求所替代，人类从低层的生理满足开始慢慢过渡到更高要求的生活体会感，包括公民参与、社会归属、个性表达、出行体验等。

而现代城市经济学理论界认为城市是从属于经济需求的，这等于否定了人的多样化，牺牲了生活质量，城市成为经济与市场运转的一个附属。而高度信息化下的城市最大的一个特点便是重视个性，个体主张与多样化的声音可以通过自媒体或社交媒体发出，这就要提到互联网技术对购物、出行、医疗与教育等生活方式的新变革。

比如基于物联网技术，于2016年在北京、广州、深圳等大城市出现的摩拜单车（mobike）就极大地方便了市民的出行，丰富了通勤体验感，无桩借还车模式的智能硬件，任何人只要通过智能手机绑定软件就可以极速借用和归还一辆膜拜单车，最大程度上解决了公共交通系统所无法完成的“最后一公里”的问题，让人人都有单车可骑；通过大数据分析得出，摩拜单车半夜12点到次日凌晨6点这个时间段使用率是非常高的，这恰好就是马路清洁工人，安保人员等工种的使用高峰期，他们绝大多数都是外来务工人员，这就极大的方便了他们的通勤方式；同时时尚醒目的设计，在方便人们找车的同时，成为了城市里一道独特的风景线。

第 5 节
更高完备的公共服务

城市公共服务设施，本质上还属于公共物品的范畴，是城市社会性服务业的依托载体，是呈点状分布并服务于社会大众的教育、文体、医疗和商业等城市的社会性基础设施。根据公共物品理论，社会公共服务作为城市的基础性稀缺资源，其布局、供给，公平性、可达性与效率一直是政府、市民与学界普遍关注的重点。大城市因为其相对先进的政府管理理念、较好的医疗水准、成熟的市场机制、丰富的教育资源、健全的城市规划、发达的信息化社会等因素，为居民提供了更好、更多和相对更公平的公共服务。

（一） 大城市提供了更加完备的公共服务

第一是教育服务。大城市具有对产业工人培育、科技创新支撑等的强劲需求，教育培训的发展更加具有持续性和连贯性，全球大城市教育培训均呈现快速发展的势头，大城市与小城市之间教育水平的差距也在越拉越大。第二是医疗服务。一方面大城市众多的人口带来了众多就医需求，为大城市医疗机构积累了丰富的病例经验，同时为医疗分级和专业化发展创造了条件；另一方面，大城市往往由于规模经济效应，集中了大多数的医疗资源。以我国为例，当前我国80%的医疗资源集中在大城市，其中30%又集中在大医院。第三是完备的市政基础设施。大城市人口的集中有利于交易效率的提高，有利于公共产品供给效率的提高。大城市具有更加完备的水、电、气、通信、邮电、道路等基础设施。第四是完备的社会保障体系。大城市具有社会保险、社会救助、社会福利、养老服务等更加完备的社会保障体系。

（二） 大城市实现了更公平的公共设施供给

但城市本身就是一个由稀缺且分布不均衡的资源和设施（公园、医院、学校、图书馆、商场以及体育设施等）构成的集合。在高度发达的市场机制条件下，居民从中的获益程度与客服设施利用的物理距离和经济障碍的能力是至关重要的。显而易见，社会分层理论告诉我们，居民的这些能力是差别很大的，不存在绝对均质化的公平环境。公共服务设施的布局往往对高收入群体更有利，他们可以通过跨过很多门槛获得更好的公共服务资源，占据外部信息使用的最大化。

因此"高质量的城市生活"使大多数的居民对教育、医疗、体育设施、基本社会公共服务、已经自然且丰富的休闲娱乐设施的要求是具有相对更好的可达性。这就需要相对先进的公共服务供给机制，从而实现设施供给的多样化。由政府单一主体垄断供给导致了供给效率较低下；很多发达国家的经验告诉我们，体制演化的机制一定是向着政府、市场与个体及第三部门的多元互动模式演进的，这对维护社会资源分配公平与社会公正有积极的意义。

大城市因为其成熟的市场机制与相对先进的政府管理水平而迈出了改革的步伐。政府不再是公共服务设施的垄断提供者，而变成公共服务多方参与机制的监管和协调者。

表 4－2　西方国家城市公共服务设施演进与重点特征

类别	供给主体	模式	公共服务	设施研究重点
40 年代～70 年代	政府	单中心	布局区位	供给效率
70 年代～90 年代	政府与企业； 政府与第三部门	双主体	空间公平	供给效率
90 年代至今	政府、企业、个人	多元供给	社会分异	可达性

数据来源：Bateley，1996；Panter and Jones，2008；Pooler，1995。

在西方国家的城市里，尤其是大城市先后经历了三个阶段：政府单中心供给、政府与市场或者政府与第三方主体联合供给、多元主体（政府、市场、社会及个体）供给；其最终目的是为了实现公共服务的供给平衡和保障提供效率；这是从重视提供者到重视消费者，从重视政府到重视非政府，从重视单项服务到重视服务体系，从重视公共管理到重视公共服务的过程。结合居民的社会经济特征和结构分配公共服务的资源，在朝向城市公共服务多元化供给实施的过程中，最终最大程度上实现了居民的公共服务设施供给的公平性需求。

表 3-1 广东省城市基本情况(一)

序号	城市名称	城市属性	城市常住人口(万人)	城市面积(平方公里)	GDP(2014,亿元)	社会消费品零售总额(2014,亿元)	专利申请量(2014,件)	专利授权量(2014,件)	年末从业人员数量(万人)	年末在岗职工平均工资(万元)
1	广州	一线城市	1292.68	3843.43	15420.14	6882.85	46312	28138	759.93	69692
2	深圳	一线城市	1062.89	1953	14500.23	4433.59	82255	53681	899.20	62619
3	珠海	二线城市	159.03	1701	1662.38	720.52	8998	6258	106.32	55985
4	汕头	二线城市	547.91	2064	1565.90	1158.92	9097	6470	239.67	42645
5	佛山	二线城市	729.57	3848.5	7010.17	2264.10	14145	7396	437.29	50356
6	顺德	—	249.34		2556.78	730.25	15562	9403	156.36	51261
7	韶关	三线城市	289.27	18400	1010.07	471.11	2354	1584	143.78	44898
8	河源	三线城市	303.76	15800	680.33	236.61	853	569	135.19	41098
9	梅州	三线城市	430.70	15836	800.01	450.18	2272	1609	211.93	39882
10	惠州	三线城市	470.00	11200	2678.35	857.91	18359	12310	277.27	47126
11	汕尾	三线城市	298.62	5271	671.75	473.56	595	458	119.68	39333
12	东莞	二线城市	831.66	2465	5490.02	1486.66	28431	20336	633.25	42870

续表

序号	城市名称	城市属性	城市常住人口(万人)	城市面积(平方公里)	GDP(2014,亿元)	社会消费品零售总额(2014,亿元)	专利申请量(2014,件)	专利授权量(2014,件)	年末从业人员数量(万人)	年末在岗职工平均工资(万元)
13	中山	二线城市	317.39	1800	2638.93	890.55	24618	15049	210.30	48449
14	江门	三线城市	449.76	9541	2000.18	903.70	8348	5538	244.30	42851
15	阳江	三线城市	247.96	7813	1039.84	527.29	1373	1135	128.97	40383
16	湛江	三线城市	716.71	12471	2060.01	1010.70	2095	1294	336.37	40534
17	茂名	三线城市	601.25	11458	2160.17	1003.79	2669	1179	280.54	42889
18	肇庆	三线城市	402.21	15000	1660.07	493.12	1781	1449	216.22	44660
19	清远	三线城市	379.11	19000	1093.04	508.96	882	630	200.14	47172
20	潮州	三线城市	271.21	3614	780.34	354.14	3474	2842	131.02	37962
21	揭阳	三线城市	599.47	5240	1605.35	657.66	3099	2072	273.64	41932
22	云浮	三线城市	242.84	7779	602.30	204.02	673	480	132.66	40085

表3-2 广东省城市基本情况(二)

序号	城市名称	住宿餐饮业营业额(亿元)	批发零售业商品销售额(亿元)	文化、文物事业机构数(个)	邮电业务总量(亿元)	旅客周转量(亿人公里)	普通中学毕业生数(人)	卫生事业机构床位数(张)	城镇职工基本养老保险参保人数(万人)	人均地方公共财政预算收入(元)
1	广州	1647506	41334.90	81	568.74	698.67	179258	73301	602.93	8862.98
2	深圳	998993	19393.34	55	598.10	357.20	109616	29296	834.91	16350.94
3	珠海	208518	2517.17	19	54.39	80.42	29759	7510	107.80	12241.05
4	汕头	102408	2213.60	38	75.39	84.87	150104	14667	127.88	2051.88
5	佛山	267789	7065.59	44	165.35	125.27	102530	27073	351.98	6020.44
6	顺德	58154	2675.70	6	46.58	39.00	35324	8312	61.75	6193.72
7	韶关	78003	718.32	45	27.49	70.74	61979	14730	44.93	2491.77
8	河源	50230	327.72	31	26.36	63.91	73270	10280	91.79	1613.41
9	梅州	68155	703.75	45	46.72	88.14	121114	14079	206.80	1613.10
10	惠州	226045	1484.39	27	86.44	124.59	98685	19155	45.27	5337.57
11	汕尾	17879	634.43	25	23.05	106.96	96867	7089	529.26	1617.23
12	东莞	524168	3390.96	13	254.73	155.99	78364	25736	217.00	4928.56

续表

序号	城市名称	住宿餐饮业营业额（亿元）	批发零售业商品销售额（亿元）	文化、文物事业机构数（个）	邮电业务总量（亿元）	旅客周转量（亿人公里）	普通中学毕业生数（人）	卫生事业机构床位数（张）	城镇职工基本养老保险参保人数（万人）	人均地方公共财政预算收入（元）
13	中山	187601	2353.38	12	87.33	277.03	49303	12225	181.20	7123.35
14	江门	153218	1497.51	38	60.07	67.31	79866	16795	52.95	3519.54
15	阳江	45586	820.79	22	28.09	31.14	61246	8569	99.28	2170.56
16	湛江	107738	2138.06	46	76.45	114.06	230530	26402	87.92	1483.88
17	茂名	47077	2328.03	31	53.53	87.22	212764	21458	72.07	1508.45
18	肇庆	73515	908.13	38	41.13	42.72	104509	12688	75.34	3017.68
19	清远	86087	646.49	42	36.86	57.68	83862	13003	62.24	2456.43
20	潮州	22430	738.25	18	27.26	43.13	70605	5732	93.38	1370.58
21	揭阳	85671	1323.18	29	45.36	60.70	180593	11597	34.70	1116.16
22	云浮	33795	398.90	16	21.53	48.55	65387	6982	602.93	1889.12

表 3-3 广东省城市基本情况(三)

序号	城市名称	工业增加值（亿元）	服务业增加值（亿元）	其中,交通运输、仓储和邮政业(亿元)	批发和零售业（亿元）	住宿和餐饮业（亿元）	金融业（亿元）	房地产业（亿元）	其他服务业（亿元）
1	广州	4446.93	9963.90	996.25	2274.96	430.35	1146.37	1272.28	3843.69
2	深圳	5794.50	8198.14	504.09	1765.43	269.77	2008.16	1334.42	2316.27
3	珠海	783.68	770.21	30.35	177.94	38.46	94.90	132.44	296.13
4	汕头	599.23	660.94	38.72	233.01	48.96	32.33	67.87	240.05
5	佛山	3872.79	2530.76	148.74	574.48	106.12	272.54	453.69	975.20
6	顺德	1226.58	1156.67	109.95	211.09	36.91	94.13	188.62	647.01
7	韶关	310.91	450.51	68.40	84.89	36.19	23.69	46.51	190.82
8	河源	318.41	260.15	15.36	53.19	20.20	30.99	48.94	91.47
9	梅州	188.42	345.73	32.63	62.86	20.19	27.77	37.12	165.16
10	惠州	1423.20	991.09	121.31	214.00	83.35	78.07	178.51	315.85
11	汕尾	222.14	247.81	17.33	83.21	23.99	9.87	31.59	81.81
12	东莞	2425.62	2951.06	153.28	554.91	175.48	240.22	578.43	1248.74

续表

序号	城市名称	工业增加值（亿元）	服务业增加值（亿元）	其中，交通运输、仓储和邮政业（亿元）	批发和零售业（亿元）	住宿和餐饮业（亿元）	金融业（亿元）	房地产业（亿元）	其他服务业（亿元）
13	中山	1195.97	1108.35	48.43	223.64	54.14	114.39	164.31	503.44
14	江门	696.94	828.34	74.98	171.33	38.64	79.62	131.52	332.26
15	阳江	390.31	333.14	39.69	100.14	37.57	25.42	41.38	88.94
16	湛江	684.86	824.24	158.81	180.20	41.30	31.57	77.64	334.72
17	茂名	666.70	893.66	63.77	343.35	75.60	21.56	58.41	330.98
18	肇庆	807.02	606.59	43.36	159.10	55.38	45.06	49.12	254.58
19	清远	320.27	494.65	68.94	84.92	53.85	35.18	69.78	181.98
20	潮州	301.41	289.48	25.16	94.84	10.43	22.11	31.69	105.26
21	揭阳	878.55	437.18	17.57	220.21	26.60	16.11	36.75	119.93
22	云浮	212.16	207.42	14.91	42.05	13.59	12.18	26.78	97.91

Rethinking China's
Urbanization and Metropolis

·第四章· 影响大城市发展的重要因素

Rethinking China´s Urbanization and Metropolis

从世界到中国，大城市数量与规模的迅速增长已成为现实态势。哪些因素决定了大城市的空间增长与发展，这些经济社会和科技等要素的更新与相互之间的复杂关系反映到空间就很大程度上决定了城市空间形态的演化，是城市自身发展和规划意识控制共同作用的结果。建筑技术、供水技术、交通技术、生产技术、信息技术以及规划意识等对大城市发展产生了直接而深刻影响，不仅带来城市不断突破所谓最大承载力极限以及空间结构的重构与拓展，18 世纪第一次工业革命爆发之前的漫长历史时期人口百万已是城市极限，至今全球最大城市东京人口超过 3800 万①；而且催生了以知识和信息的生产、分配和使用为突出特征的知识经济发展，形成更高层次更广领域的投资兴业与劳动就业机会，反之助推了城市中心区的复兴以及特色新城区的崛起。因此对这些因素各自的作用影响等问题的探讨，有助于进一步认识大城市规模增长进程背后的深层动力机制。

---

① 2014 年联合国《世界城镇化展望報告》。

第 1 节

大城市规模增长：内部需求动力与外部供给约束力

（一） 大城市的发展趋势

2017 年 2 月 9 日，世界知名房产咨询机构 JLL（仲量联行）发布的“城市发展动力指数”（JLL City Momentum Index 2017），是全球最具活力的三十大城市榜单。其中六分之一的城市集中在中国，上海位列第四，并指出中国的大城市群效应正在显现。

全球城市化的过程中，大城市势必会得到快速发展，其地位和作用也会日益凸显，尤其是发展中国家的大城市（如图 4 - 1）。在中国，1980 年以来人口流动的主要趋势也是流入那些沿海经济发展迅速的大城市地区，尤其是交通枢纽的沿海大城市（世界银行东亚及太平洋地区部，中国“十一五”规划的政策，2006）。全球经济研究

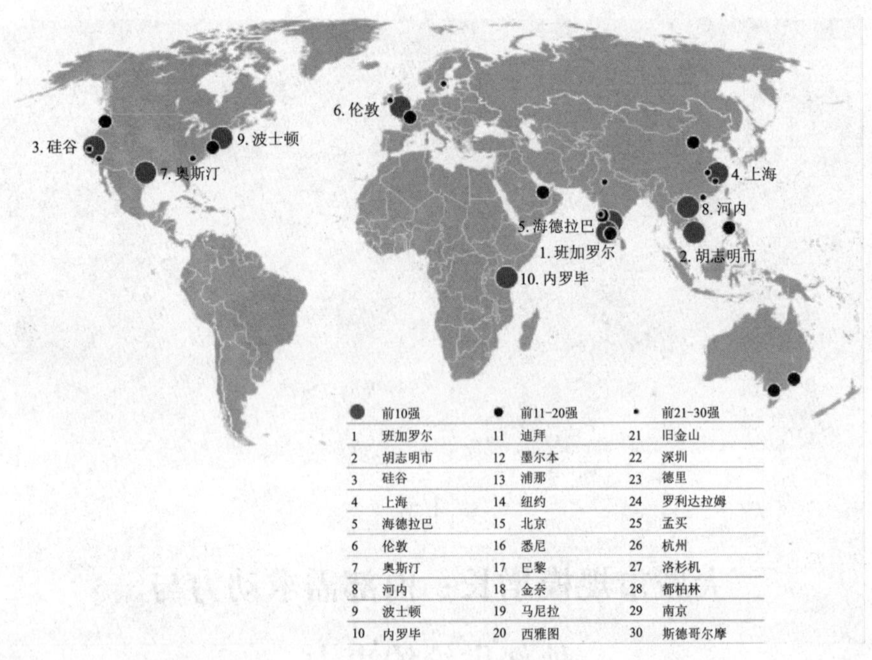

图 4－1　全球最具活力的 30 大城市分布

和政府企业咨询机构牛津经济研究院（Oxford Economics），在 2015 年的新发布的《世界 750 座大城市未来的机遇与市场》报告中也指出，到了 2030 年，世界 50 个最大城市经济体将新增 9 座中国城市。

从世界到中国，大城市数量与规模的迅速增长已成为现实态势。哪些因素决定了大城市的空间的增长与发展，这些经济社会和科技等要素的更新与相互之间的复杂关系反映到空间就很大程度上决定了城市空间形态的演化，是城市自身发展和规划意识控制共同作用的结果。建筑技术、供水技术、交通技术、生产技术、信息技术以及规划意识等都对大城市的发展产生了直接而深刻的影响，不仅使得城市不断突破所谓最大承载力极限以及空间结构的重构与拓展，18 世纪第一次工业革命爆发之前的漫长历史时期，人口百万已是城市极限，至今全球最大城市东京，其人口已经超过 3800 万[①]；而且催生了以知识和信息的生产、分配和使用为突出特征的知识经济的发展，形成更高层次、更广领域的投资创业与劳动就业机会，反之助推了城市中心区的复兴以及特色新城区的崛起。因此对这些因素各自的作用影响等问题的探讨，有助于进一步认识大城市规模增长进程背后的深层动力机制。

（二）中西方学者对城市增长的理解

欧美城市研究学界的传统理论一般把影响城市增长的供给约束力统一到自然地理类因素中，比如水资源、气候条件、地形地貌等条件对城市规模起到的限制作用；而把城市内生空间的需求动力归为社会经济类因素，也是大城市发展的主体动因（P. C. Stern, 1992; Mieszkowski and Mills, 1993）。比如上文提到的 JLL（仲量联行）在 2017 年 2 月发布的“城市发展动力指数”，就是主要根据城市的社会经济因素，包括快速吸纳人口、拥抱技术变革、全球互联互通、经济及其商业房地产市场的变化等因素，最终确定城市发展活力的程度。

国内学者也从动力类型角度出发，将大城市发展驱动力一般理解为：基础驱动力（技术升级），包括建筑技术、供水技术、生产技术、信息技术；内在驱动力，主要是城市经济的发展与优化；外在驱动力，主要包括政府相关政策与规划理念的变化。比如，从哈维的新马克思主义角度将中国大城市化发展理解为政府、个人与企业

① 2014 年联合国《世界城镇化展望報告》。

三方力量对资本资源在空间中的博弈与此消彼长的结构优化过程，其中市场力量是微观层面上推动大城市空间演化的内在动力，政府力也是宏观上促成这种演化的外部动力；也或者是“社会”“政策”与“经济”三方复杂交错的互为联系、互为因果（宁越敏[①]，1998；张庭伟[②]，2001；杨东峰等[③]，2008）。

另外，王伟强（2008）也提出了全球化约束下城市发展的助推力、驱动力和“第三种作用力”——粘滞力对城市健康发展的重要作用。因此说，这种讨论已经超过了对“政府”“市场”和“社会”三方力量的简单探讨，而是进一步将研究深入到了现象背后的复杂动力主体和核心利益方，来分析这些复杂主体的作用方式。近年来，物流系统、高速铁路和轨道交通网等也对大城市的发展起到了越来越显著的影响（陈浩等[④]，2010；段进[⑤] 2009；李王鸣[⑥]，2011）。

（三）大城市增长模型：内部需求力与不断被突破的外部约束力

据上面基础理论的简述，在一般化的假设条件下，可以把大城市的空间扩展与发展的内需动力与外在约束力归纳为一个概念模型

---

① 宁越敏．新城市化进程——90 年代中国城市化动力机制和特点探讨［J］．地理学报，1998（5）：470－477.

② 张庭伟．20 世纪 90 年代中国城市空间结构的变化及其动力机制［J］．城市规划，2001（7）：07－14.

③ 杨东峰，熊国平，我国大城市空间增长机制的市政研究及政策建议［J］．城市规划学刊，2008（173）：51－56.

④ 陈浩，张镜像，吴启焰，宋伟轩．大事件影响下的城市空间演化特征研究——以昆明为例［J］．人文地理，2010（5）：41－46.

⑤ 段进，国家大型基础设施建设与城市空间发展应对——以高铁与成绩综合交通枢纽为例［J］．城市规划学刊，2009（1）：33－37.

⑥ 李王鸣，江勇，柴舟跃，制度变迁与中国城市的发展及空间结构的历史演变。城市发展研究，2011（6）：111－117.

（如图4－2，中国大城市增长动力概念模型）。即大城市规模增长与内需动力和外部约束力的函数关系。内部动力的因子显而易见是在不断改变的，同时科技进步与技术升级也在不断突破外部约束力，比如道路交通网、土地资源、水资源、垃圾处理能力等对大城市增长规模的限制。

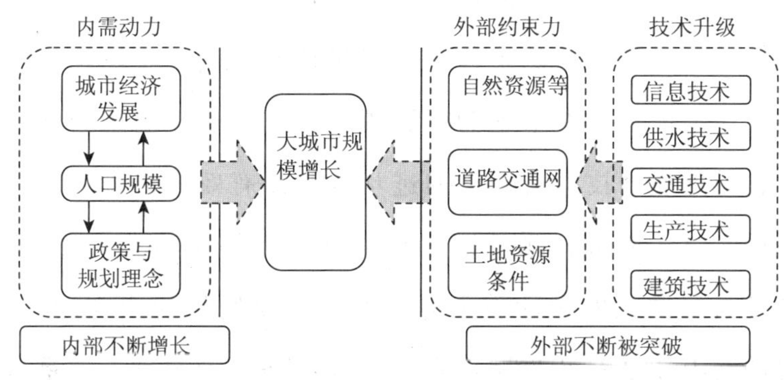

图4－2　中国大城市增长动力概念模型

如图4－2所示，从内需动力角度，在相关政策的支持下，工业与第三产业的迅速发展为城市人口提供了大量的就业机会，源源不断吸纳了从城乡人口迁入的巨量就业人口，极大地扩大了常住人口规模；同时巨大的人口规模又为企业聚集和外来投资提供了必要的前提条件，这也是劳动力市场优势的直接体现，促进了城市经济规模与结构的进一步发展，又为相关政策的制定与城市的规划提供了更新的契机；最终也就形成了城市人口、经济规模、政策与规划三者之间的良性循环，在循环往复的过程中不断扩大增长。此外，大城市作为全球化发展的“网络节点”，一定是一个国家与地区最先受到全球影响的地方；在市场经济对大城市的影响日益增强、市场机制起到了越来越重要的核心支配作用的背景下，大城市的发展必然会与全球化的市场经济作用力联系的更加紧密，影响更加趋于复杂与全面。

从外部约束条件看，城市交通网络、土地资源、地形地貌、水资源与气候等自然条件都对城市的诞生与规模的扩充起到了一定的限制作用，但随着科技进步与技术升级，这些限制在不断地被打破。比如，城市的人口容纳水平与未来的增长潜力被城市可使用土地面积所限制，城区建设用地的扩张程度与耕地资源的保护、生态用地等指标构成了一种矛盾的平衡，但建筑技术的进步可以让开发商在有限的土地上更集约有效地为居民提供居住场所、商用与娱乐休闲的空间，另外规划技术与理念的进步也可以有效的促进城市发展的合理布局。总的来说，除了第三章提到的经济全球化、经济发展、人口规模与多样化的生活需求等是城市规模增长的内在动力之外，更重要的动力还是对约束城市发展的外部条件的突破，这重点表现在城市管治与规划观念的更新，尤其是科技进步与多方面技术升级对大城市发展起到的巨大推动力。

第 2 节

生产技术不断突破大城市增长约束力

（一） 技术升级突破大城市发展外部约束力

“内为之城，内为之阔”。从汉字“城市”出处来理解，“城”具有防卫的军事功能，是城墙等围起来的人类聚居地；“日中为市”，“市”则是指进行交易的场所。城市本身具有城与市的双重含义，是一种防御性的建筑物，也是商品交换的场所。伴随着历史长河中人类文明与科技水平的不断提升，城市也从单纯的具有防御与物质交换功能的人类聚集地逐渐演变成一种复杂的功能有机体。西方城市地理学将现代城市理解为城市聚落，是以非农业产业和非农业人口集聚形成的较大居民点；是人口较稠密的地区，包括了住宅区、工业区和商业区并具备行政管辖功能。这里强调的城市是一个内部多样且功能复杂的体系，因此城市规模的增长，是这个庞大系统的有机延展而绝不仅是物质空间的无序拓展。

上文从内需动力角度对大城市的增长进行了解读，现代大城市之所以能迅速增长，其强大动力是来自于对外部约束条件不断进行质的突破，尤其是现代科技进步与技术升级对经济发展（包括交换对象、交换标的、交换方式）与自然资源的约束条件（包括道路交通、土地资源、水资源）的不断突破起着决定性作用，进而深刻影响着城市的发展和形态演变。生产技术、信息技术、供水技术、交通技术、建筑技术和城市管治理念是这些演变解读的核心主线，也是指导我们认识大城市、建设大城市、发展大城市需要考虑的最为关键的因素。之所以这么说是因为人类城市生活的美丽、文明与进步多半来自于商人越来越鼓的钱包和技术名匠的精湛技艺的进步。很简单的一个事实，更多的大教堂的建造经费来自于城市每天的收入，而非皇室的赞助。"①

（二）生产技术突破延展城市规模边界

生产技术的突破使得城市得以摆脱自然资源的限制实现更大范围的集聚集群。第一次工业革命，蒸汽机的发明与改进带来了工业化大生产，改变了人类依托人力、畜力和水力的作坊式小生产模式，使大城市逐步摆脱了接近水源或羊毛、棉花等重要原材料市场的限制。第二次工业革命，电力与内燃发动机的广泛使用使得工业化大生产规模经济优势获得了充分释放，城市规模获得了巨大扩张。20世纪30年代在纽约柯蒂斯—赖特航空公司工作的工程师根据数据，详细分析了产品产量、生产能力和生产成本之间的关系，他发现"飞机产量每翻一番，每架飞机的制造成本将下降20%"②。第三次

---

① ［美］詹姆斯·E·万斯．延伸的城市——西方文明中的城市形态学［M］．凌霓，潘荣，译．北京：中国建筑工业出版社，2007（9）．

② ［英］彼得·马什．新工业革命［M］．赛迪研究院专家，译．北京：中信出版社，2013（4）．

工业革命，信息技术的发展使大城市科技、文化、艺术等知识生产替代了普通工业大生产模式，解决了由于劳动力、土地等要素成本的抬升，普通工业生产规模经济递减，工业企业迁移所带来的产业空心化问题，逆城市化的趋势得以扭转、城市老城区出现复兴。

（三）生产技术促进城市经济与空间消费需求

从城市的发展需求看，生产技术先进与否决定了可交换商品的多寡与丰富程度，决定了商品生产效率与效益。每一次生产技术的突破，直接推动商品贸易的数量与范围扩大，催生新兴产业的集聚发展，带来贸易人口、产业人口以及其他辅助人口的工作空间与生活空间更多的需求。从城市空间生产看，资本具有三重循环，促进了城市空间的扩张和城市化进程，加快了城市内部空间的更新过程，第一循环是资本向生产资料和消费资料的生产性投入；第二循环是资本对城市建成环境的投入；第三循环是资本向社会性花费（教育、卫生、福利等）的投入。

从城市空间消费看，人们对城市空间环境品质日益关注，从“在空间中消费”到“对空间消费”的转变速度正在加快，商品房市场的完善见证了“空间消费”已成为大众重要的消费项目，空间视觉消费和体验消费的不断增长，更加丰富了“空间消费”的内容，景观、情感、遗产等非物质资源蕴含着非常大的产业资源。大城市作为商品交换与生产集聚最为重要的区域，生产技术的发展直接或间接带动了更多城市人口的集聚、更快的城市空间生产以及更具品质的城市空间消费。

第 3 节

水资源开发利用

(一) 水资源利用对大城市发展的核心作用

水是人类的生命之源，是地球上所有生命的来源，具有滋生万物的功能，与土地等因素一起构成了人类历史和文化得以发展、延续的核心资源之一，也是城市形成和发展的核心条件，更是城市选址布局需要考虑的重要因素。《管子·乘马》中“凡立国都，非于大山之下，必于广川之上。高毋近旱，而水用足；下毋近水，而沟防省”，即强调依山临水构筑城市。全球特大城市基本均匀分布在主要河流河口或入海口处，比如从纽约、伦敦、东京、香港等城市地理位置的布局看，水资源的充沛程度是大城市发展的重要影响因素。

纵观几千年城市发展史，人类总是通过各种办法开发、使用水资源、发现水源、储存、调水、运输与排污等，并在增强对河流湖泊随意泛滥和降水难以预测的控制力的同时，发展了人类文明。早期农耕文明时期，人类对水资源利用技术和能力非常有限，大多数聚落只能分布在河水丰富或河网发达的地区，慢慢地，水库和灌溉渠道的出现，使得干旱地区农作物的正常生长及生长季节的延长成为可能，这才给聚落规模的扩大提供了必要的前提条件。进入19世纪，工业革命极大的推动了工业化的发展，人类也通过机器设备大大提升了获取水资源与改造水资源储存、运输与降低洪涝风险的能力，大量的巨型水利工程雨后春笋般出现，如供水工程、水电站、防洪工程、灌溉工程等，城市人口数量、规模、经济发展与建成区空间延展等也随之迅猛成长。

比如沙漠国家埃及的首都开罗，其三面都被沙漠包围，气候极其干燥，是世界上最大的沙漠城市和降雨量最小的首都（降水量仅为28mm），气温年变化也非常大，七月份均温超过44℃，1月份则降为0℃，应该说自然条件非常不适宜人类大规模聚集。

但随着历时10多年，于1971年在埃及尼罗河上建立起来的世界七大水坝之一的阿斯旺大坝，作为一项集防洪、灌溉、航运和发电为一体的综合利用工程，为如今超过2000万常住人口的开罗城市规模的迅速扩张提供了必要的条件；阿斯旺大坝使得整个埃及90%以上的耕地面积得到了有效灌溉，灌溉面积增加130万～200万公顷，另外还增加了70多万公顷的永久灌溉区，农田复种指数大大增加，农业单位面积产量迅速提高，棉花均产达到2800千克/公顷，水稻有5400千克/公顷，耕地面积增加200多万亩，棉花总量增产50%以上，这为人口规模的增长提供了重要的粮食基础，并且还有余粮出口海外，为埃及增创了外汇储备；更重要的是大坝发出巨大而廉价的电能，为全埃及提供了70%的用电量，更是成为大城市发展的基础动力。应该说阿斯旺大坝就是人类有效利用水资源的典型案例，对埃及整个国家都产生了巨大的影响力，如今阿斯旺地区已经成为新兴工业化地区，吸引了大量的人口，创造了大量第二和第三产业就业机会，也为该地区的城市化提供了核心动力。因此说1971年竣工的阿斯旺大坝成为了开罗市发展的加速器，中科院地理所的魏显虎与张宗科①（2013）通过遥感影像等信息对开罗建成区的扩展进行动态遥感监测发现，开罗市自70年代初以来保持了快速的扩展强度：建成区面积从1975年的439平方公里，到2011年已经扩展到1506平方公里，36年间开罗建成区面积增长达到了惊人的243%。

（二）水利用与污水处理技术发展突破水资源限制

水资源的供给利用技术水平的提高成为大城市规模快速成长的关键性因素。但随着资源开发利用的程度加深，其与大城市、地区、国家经济之间的关系日益密切；国际经验也表明，在工业化和城市化快速发展的过程中，不仅对水的需求急剧增长，而且废水的排放量也会相应急剧增长。

这主要是随着大城市人口的剧增，水资源开发的强度、难度越来越大，开发潜力也在缩小，水资源供需矛盾越发尖锐；比如2015年北京市人均水资源不足全国的八分之一，已经成为制约城市规模再扩充的因素之一；同时，生态环境恶化、污染问题严重、水资源质量与存量都日益缺失，比如2013年，我国总用水量6183.4亿立

① 魏显虎，张宗科．开罗城市扩展及土地利用占用过程遥感研究［J］．世界科技研究与发展，2013（2）：80－83.

方米（城市用水主要包括城市工业用水、城市农业用水、城镇生活用水和城市生态用水），其中，工业用水占 22.8%、生活用水占 12.1%、农业用水占 63.4%、生态环境补水占 1.7%，工业、第三产业和城镇居民生活等用户排放的废污水量，虽比 2011 年的峰值 807 亿吨有所回降，但依然达到惊人的 775 亿吨①。

伴随着大城市经济社会的发展，一些城市用水需求不断增加，缺水范围在不断扩大，缺水程度日趋严重，城市缺水问题逐渐加剧。然而，由于产业结构不同，也造成了用水需求的巨大差异，服务业单位 GDP 产出的用水量不足制造业单位 GDP 产出用水量的 1/3；另外，大城市所在的区域水资源总量中仍有可开发利用的潜力，以我国为例，2013 年我国总用水量占水资源总量 27957.9 亿立方米的 22%。此外，废污水处理与循环再利用也存在巨大的空间。

最后也能看出，由于工艺设备、生产管理、用水管理等方面的原因，不同国家的大城市用水效率与污水处理方面存在着巨大的差异。比如，上世纪 60 年代，在具有超前思维的“21 世纪水厂”理念下，并结合先进技术改造的纽约的新型城市污水处理厂，就将污水处理经过 5 个主要过程：预处理、初级处理、二级处理、消毒、最后是污泥处理，甚至最终将污水处理的标准提升至饮用水级别，非常震撼。另外，美国的水务运转与管理职责非常明确，层次也极其分明；将污水处理公司一般分为公有公营、公有私营和私有私营。公有公营是政府投资，政府聘用人员自己来运营；公有私营是政府投资掌握所有权，委托私人企业来运营；而私有私营则是私企投资

① 中国水利部，《中国水资源公报（2013）》。

建设，自己来运营。其中公有公营的比例占到整个污水项目的90%以上，这就有效地避免了私人企业以利益最大化为前提，降低服务质量、减少设备投入从而影响出水水质的情况。美国污水处理的经验直接表明，通过生产工艺和改进、管理水平的提高，可以有效减少水污染事故发生的频率，尤其是为人口规模庞大的大城市区域提供了可靠的水资源环境，不断地改变和弱化大城市水资源承载的限制条件，也为其他发展中国家大城市的发展与环境的平衡之间提供了环境监管的宝贵经验。

第 4 节 城市交通作用

（一）不同类型城市与交通需求

城市布局的类型大致可分为集中型、组群型、松散型三大类，不同类型城市有着不同的交通需求。集中型的城市土地利用密度高、功能布局就近，由于中远距离出行量小，轨道交通在这类城市的优势被降低，这一类城市要想发展轨道交通，必须具有足够的规模。集中型城市的几种典型形态中，环形放射状城市将最易形成理想的轨道交通布局，带状与环状城市则不易形成系统线网。组群型城市在理论上一般被认为是特大城市发展的理想方式，其形成需要一定的条件，除了自然条件的约束以外，真正依靠城市的自身发展来形成是有一定难度的。为保证组团的独立性，每个组团必须具有一定规模，组团与组团、组团与中心城之间需要有足够通畅的联系通道。这种交通走廊的设置，极易诱导走廊沿线的土地开发。因此，在隔离地带不设站的轨道交通将是交通走廊比较理想的选择形式。松散型城市的形成机制与私人交通为主导的交通方式紧密结合，这类城市土地利用强度较低，不能形成集中的高强度客流需求，轨道交通集约化大运量的优势不能发挥。同时，这种城市形态下的道路空间一般比较充分，为私人机动化交通方式的利用提供了良好条件。

（二）交通发展与城市发展相互作用

交通设施是城市形态的骨架，具有先行功能、从属功能、引导和调节功能，对城市形态起着重要的作用。在某一特定时间，城市的交通结构和能力影响了城区内部交通的便易程度，决定了市区关于出行费用和出行时间的空间可达性。交通技术的不断创新使得地域空间可达性成为一个相对的概念，空间可达性随交通技术创新的变化而变化，又直接影响着土地的价格和利用方式，进而导致城市地域功能结构的改变，最终引起城市空间结构的变化，而城市空间形态的变化又往往进一步强化或弱化交通技术的应用范围和作用强度。

按照现代交通理论的研究和国外大城市发展的实践，以不影响生产和工作的适宜范围的标准为40分钟，由此设定的大城市客运交通距离的衡量指标为80%~90%的乘客从居住点到达目的地场所花费时间单程不超过40分钟（日本东京规定不超过60分钟）。按照以不影响生产和工作的适宜范围60分钟标准，如果以人力步行5公里/小时计算，则城市最优规模不超过80平方公里；如果以马车运输10公里/小时计算，则城市最优规模不超过320平方公里；如果以小汽车或公共汽车运输30公里/小时计算，则城市最优规模不超过2900平方公里。

表4-1　各种交通方式能耗及大气污染物物质排放量

分类	能源消耗量（焦耳/人·公里）	CO_2（克/人·公里）	NO_x（克/人·公里）	SO_x（克/人·公里）
城市轨道交通	423	4.7	0.179	0.011
公共汽车	749	19.4	0.504	0.144
营业用小汽车	5434	89.3	0.496	0.041
家庭用小汽车	2520	44.6	0.257	0.021

（三）交通技术发展正在破除城市交通障碍

当前，由于城市人口密度的增加、私人汽车保有量的扩大，低密度建设和铺摊子扩张所导致的交通日益不畅、环境日渐恶化等问题，成为了各大城市的“通病”和可持续发展的严重障碍。然而，立足城市发展的历史脉络看，交通技术的发展正在不断破除当前交通问题的这些城市发展的障碍条件，其中具有运量大、速度快、准点性强特点的城市地铁系统形成了城市交通主要骨干，支撑了城市建成区面积不断扩大和人们出行距离的增加，同时围绕城市交通干线，扩大和充实城市骨架，调节和优化区域功能，保障了产业区和居住区的合理布局、都市区和功能圈的合理分工。

第 5 节

建筑技术发展

由于建筑技术的发展使得高密度、高强度和城市开发成为了现实，容纳了更多的城市活动，遏制了城市的无序蔓延，节约了生产生活的通勤距离，实现了公共服务的高效提供。

（一） 建筑技术制约城市功能与美观实现

建筑作为人们凭借一定的物质材料从自然空间中围隔出来的空间，主要服务于两重目的：一是要满足一定的功能要求，二是要满足一定的审美要求。从功能要求看，建筑围隔空间必须具有确定的大小、容量、形状以及防风避雨、采光通风等确定品质，可称之为适用空间。从审美要求看，建筑围隔空间必须具有统一、和谐而又富有变化的形式或艺术表现力，可称之为视觉空间。为了经济有效地达到以上目的，人们必须利用相应的建造技术，按照材料性能和力学的规律性围合而成建筑结构空间。由此，以建造、材料为主的建筑技术发展直接制约着城市建筑的功能与美观的实现，影响着城市的可持续发展。

（二）不同时代建筑技术发展与城市边界

在农业时代，木、砖、石是城市的主要建筑材料，土木结构和砖石结构使城市呈现低集聚蔓延的状态，同时“筑城以卫君，造廓以守民，此城廓之始也”①，城郭防御设施的建设则限制了城市无限蔓延的边界，形成城市、乡村之间的截然分割，除农业时代鼎盛时期的古罗马、唐长安、宋汴京等城市外，鲜有城市人口规模超过百万。在工业时期，在砖、石的基础上，钢筋、水泥成为主要的建筑材料，围绕城市制造中心、商贸中心形成节次鳞比、井然有序的产业工人住宅区，大城市人口数量获得迅速提升，城市空间快速向外蔓延，伦敦、巴黎、纽约等城市人口相继突破百万。在当代社会，电梯的广泛使用使建筑高度首先突破了人类体力和行走的限制，同时高强度混凝土和框架建造技术的发展使超高层建筑得以建造成为现实，摩天大楼、大型建筑在全球众多大城市的金融区、商务区中出现，城市人口承载力获得了极大提升，二战后纽约、伦敦等全球城市人口规模迅速突破千万。

① 出自《吴越春秋》。

表 4-2　工业化时期主要大城市人口　　单位：万人

城市	1800 年	1850 年	1900 年
伦敦	86.5	236.3	453.6
巴黎	54.7	105.3	271.4
柏林	17.2	41.9	188.9
纽约	7.9	69.6	343.7

资料来源：《外国近代建筑史》。

（三）高层建筑技术的提升与大城市的繁荣

人类建造技术的提升，尤其体现在对高层建筑以及超高层建筑发展的历史上。从世界范围来看主要分为三个阶段。

第一阶段（19 世纪末到 20 世纪 30 年代）：高层建筑首先在美国进入高速发展阶段，其代表就是 1894 年在纽约建成的 106 米高的曼哈顿人寿保险大厦；此后断断续续有 12 幢超高层建筑不断刷新世界第一高楼的记录；其中最著名的当属 1931 年落成的 381 米高的帝国大厦，但受限于当时的建筑设计理念与建筑材料，建造成本较高、材料笨重、且仅限于框架结构、抗震能力非常有限。第二阶段（20 世纪 40 年代到 70 年代末）：随着建造技术的不断升级，建筑构造理论日趋成熟，特别是钢筋混凝土技术在西方建筑界的应用得到突破性进展。比如高 166 米，于 1950 年建成的联合国大厦，高 262 米，于 1976 年建成的水塔大厦，都是简洁实用、突破传统建筑形式束缚的典型案例，因此说这个阶段的建筑技术的发展在积累了摩天大楼建造经验的基础上，开始慢慢朝实用性和现代性过渡。第三个阶段（20 世纪 80 年代至今）：建造技术和理念继续深化，简单实用的现代化特点开始变为主流并进一步发展；比如上海的金茂大厦、香港的中银大厦和台北的 101 大厦等。

回顾中国建造业的历史，应该说到 20 世纪 80 年代，中国建造还没有太多精彩之作；高 87 米于 1974 年建成的 20 层建筑——北京饭店已经是当时少有的“高层建筑”；70 年代末落成的白云宾馆更是国内首栋百米高层建筑。直到改革开放后的十年左右，也就是 20 世纪 90 年代随着经济的积累与迅速发展，建造技术和高层建筑才开始进入飞跃发展时期。比如 1990—1994 年的 4 年内，中国每年建成超过 10 层、建筑面积在 1000 平方米以上的，占到了高层建筑总量的近一半。目前，中国的大城市已经成为世界建筑业最活跃和最繁荣的地区。2017 年之前建成的世界十大高楼中，中国已经占据 6 席。城市的高楼与摩天大厦一般来说是城市繁荣的象征，几乎所有的世界十大最高楼全部都在本国的最大城市里。

表 4－3　世界十大高楼（2017）

排名	高楼	高度（米）	国家与城市
1	哈利法塔	828	阿联酋（迪拜）
2	上海中心大厦	632	中国（上海）
3	皇家钟塔酒店	601	沙特（麦加）
4	世界贸易中心 1 号楼	541	美国（纽约）
5	周大福中心	530	中国（广州）
6	台北 101 大厦	509	中国（台北）
7	环球金融中心	492	中国（上海）
8	环球贸易广场	484	中国（香港）
9	双子塔	451	马来（吉隆坡）
10	绿地广场紫峰大厦	450	中国（南京）

回顾历史，建筑技术的发展和进步已经被证明对人类居住质量

与大型城市的发展具有至关重要的作用。具体而言，建筑技术的进步与突破体现在以下四个方面。

第一，建造设计结构日趋合理与规范。使用计算机分离建筑结构已经普遍得到应用。比如在中国已经通用的运用三维空间程序分析结构的技术，超过 100 米的超高层建筑和特殊重要的建筑还需要再做内在方面的计算，这些技术包括沉降计算、预应力技术、抗震设计与超高层建筑施工技术等。

第二，机械设备升级。经过建筑建造技术多年的发展，产品功能、用途、性能质量、技术水平与安全性都在不断的进步和提高；比如，臂长超过 86 米混凝土超高泵送设备的使用，可以在更苛刻的条件下为建筑的建造提供可能性。

第三，建筑材料质量不断提升。比如高强度、高韧性的钢材料的使用，可以大大提高建筑结构件的使用效率和提高建筑结构物的安全性；同时，还可以减少焊接过程中的焊接点，保障高强度钢材使用的安全性。

第四，施工技术不断进步。比如钢筋混凝土结构逐渐被钢结构所取代，其具有高强度、生产制作工业化程度高、施工速度快等特点，可以为大型的高层建筑提供坚实的施工作业基础。

因此说，建造技术的进步与升级不断突破建筑空间给定居点扩大所带来的限制，为人类建造更伟大的城市创造了更坚实的基础。

第 6 节

信息技术发展

21 世纪信息技术革命带来的信息时代，给人类城市、生产生活方式与社会文化带来巨变的同时，也给城市经济发展、规模扩充与物质空间形式等方面都注入了巨大的活力；城市功能区域分工趋势加强，每个城市都会发展成为区域甚至全球的网络节点，信息技术及其相关产业已经成为突破城市规模与其承载力的核心因素之一。

（一）信息技术提升市场效率、吸引就业人口并提高大城市地位

信息技术可以更有效的开发和使用信息资源，直接推动经济效率和市场交易的发展；其最直接的表现就是信息产业的发展和信息技术的应用。

信息产业的发展是以信息科技进步为基础，因为信息产业本身就是一种智力密集型产业，而城市恰好是知识与智力集中的地方。

工业经济在转向以服务业与信息产业为主导的过程中，创造了更多的就业机会，吸引更多的外来人口直接扩充了城市规模，实现了更好的经济价值，这已经成为大城市发展的趋势。比如在西方主要大城市中，信息化主要的一个指标是城市信息产业部门的就业人口已经占到城市总就业人口的一半以上，同时其创造的生产总值也已成为城市经济生产总值的主体，成为城市经济发展的第一要素。

技术的发展最终还是体现到了应用上，主要表现在城市经济管理职能方面。远程信息处理系统促使城市金融、管理、生产、贸易与市场运作等方面更加便捷与高效，交易双方的即时信息互动就可以超越地理空间的隔阂，并通过网络的电子支付手段在瞬间完成交易，大大降低了传统产业交易的成本与时间；这也让大城市逐渐成为地区或者全球范围经济与管理的指挥运营中心，随着信息时代的更新，这个趋势将更加明显。

（二）信息技术提高管理效率为拓展城市规模助力

信息技术可以通过决定谁可以进入城市空间、使用城市空间来帮助加强对城市的控制，可以帮助消除城市增长所带来的限制。本质上信息技术与城市物质空间的拓展可以理解为三个效应：一是替代效应，指的是信息技术对物质空间的相对或者决定的替代；二是升值效应，是说信息技术与城市物质空间相互之间的互动和促进；三是增强效应，则是指信息技术的应用增强了物质网络的效率和容量（孙世界，2001）。总体而言，信息技术的提供有利于城市规模和承载力的拓展。

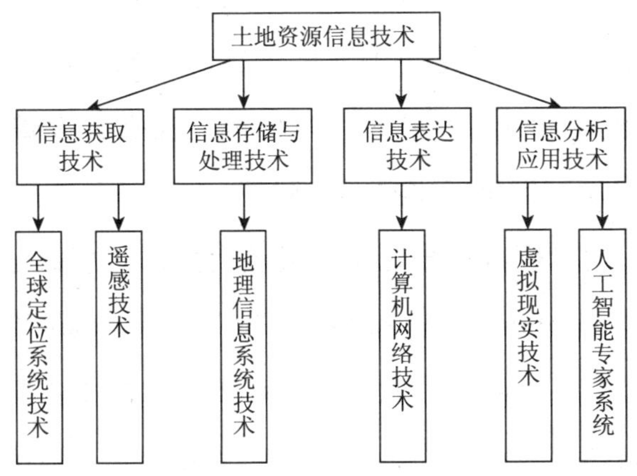

图 4－3　土地资源信息技术体系

比如，土地信息技术为土地整理提供了一种全新的技术手段，对土地划分、产权调整等大量与空间定位有密切关系的内容都使用 GIS 与遥感信息技术，有效地促进了土地利用的再集中，提高了土地的使用效率。因此在整理余出的土地上直接可以产生新的投资需求，而对原有土地更集约化的利用，也最终提高了公共交通等基础设施的使用率。自 20 世纪 90 年代中期国内开始在土地利用与整理工作中广泛地使用了土地信息技术，通过对城市周边的土地信息，包括各类用地规划布局、地块、田块的布置，也包括对沟、林、路、渠、井、基础设施、建筑物等界限与精确定位等 RS 和 GPS 采集信息的汇总和处理，最后建立起土地整理专家资源库及土地整理信息系统，也就为大城市的规模增长和发展提供了土地整理与利用方面的保障。

因为网络与信息技术具备便捷且迅速辐射的能力，使得其作为城市发展和运转的基础要素地位提升，也使得大城市中不同区位的差异减弱。城市土地价格会因为信息化的差异而缩小，比如一些大城市中心区的老办公楼并不能满足业务增长的需求，这些建筑就会被重新改建，当建造成本比较高时，或者本身土地价格涨幅较大导致很高的租赁价格等，大公司往往会在大城市的边缘区甚至直接在卫星城区重新安置办公建筑。

比如在纽约市曼哈顿金融区，很多大公司的总部已经迁移到城市外围区的“midtown”，随着搬迁公司的增多，华尔街反而成为次级中心区。另外部门的城市职能部门和机构会向中心区甚至郊区扩散，包括信息产业、咨询业、大公司职能办公楼、电子商务、贸易部门等，这些职能部门的搬迁又是通过轨道交通、高速路等串联在一起的，随着发展又会变成新的集商业、金融、服务与居住功能于一体的综合社区，城市边界不断被打破，最终促进大城市规模的进一步拓展。

第 7 节
城市管治的变迁

（一） 对城市认识的三大理论潮流

顺着城市历史演进脉络就可以看出，城市发展既有自身演变的内在逻辑，也有城市管理者人为规划的有意而为之。而从理论层面看，城市空间的演变历经了经验化、科学化、社会化的空间理论潮流。

经验化空间理论潮流在以神权、君权至上的思想为主导的封建时代，强调宗祠、广场、市场等为核心的城市结构形态，例如古希腊建筑师提出了棋盘式路网骨架、古罗马建筑师提出了蛛网式八角型城市结构等；至近现代，经验主义空间观念与理想的潮流并未止步不前，例如霍华德的花园城市、赖特的广亩城市、柯布西耶的现代主义城市、沙里宁的有机疏散城市。

科学化空间理论潮流广泛吸收了物理学、生物学等学科成就，从对城市形状和图案的过分关注转变为对人的活动和土地使用功能的重视，其中社会生态学理论强调城市生活的发展与演变趋势类似于生物群落的演变规律，形成同心圈、扇形、多核心三大经典城市空间模型。古典静态区位理论认为每类用地的经济地租递减曲线是不同的，城市的区位模式呈现出圈层式结构。新经济地理学则引入收益递增来解释空间集聚，揭示空间区位模式动态演变的机制与过程。

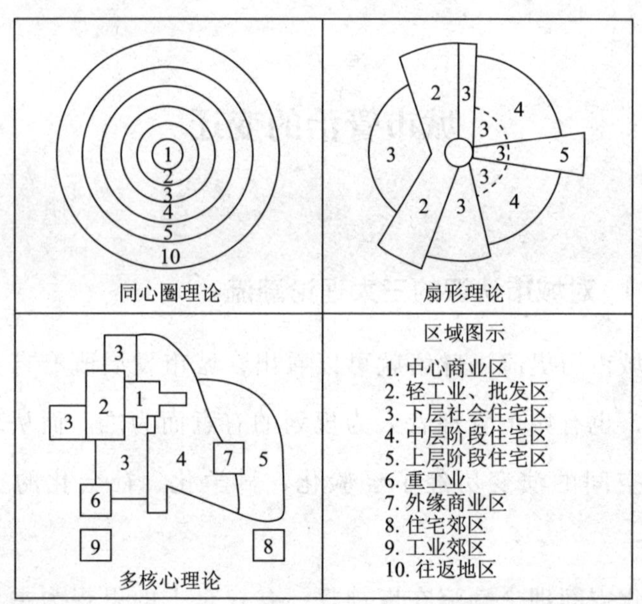

图 4－4　基于社会生态学理论的三大经典城市空间模型

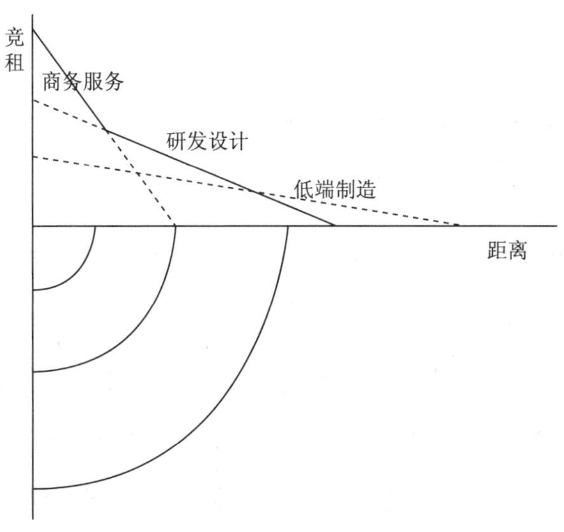

图4-5 静态区位理论圈层式布局

社会化空间理论潮流则基于对社会、文化及心理关注及资本主义城市实践反思，强调人类主体的经验与感受，认为精确化、科学化技术思维破坏邻里网络、导致敌意空间。其中，新制度主义城市理论着眼于正式的、非正式的各种具有影响力的机构、社团以及具有某种共同性的政治群体及其相互关系的分析，莫勒奇的增长联合体理论认为食利阶层是城市扩张的关键因素，其他主要城市力量也推动着城市增长，包括地方政府、政府官员，以及当地媒体；斯通的城市政体理论认为政府、私人经济社团和市民之间会形成相互联盟、相互竞争与相互制衡的关系，从而形成城市空间政治的基本政体框架并主导着城市空间的发展。新马克思主义城市理论认为空间与社会之间存在着辨证统一的关系，两者相互作用和反作用，城市规划是国家对这些系统矛盾实施干预或法规化的一种手段，因此城市规划不是封闭的技术过程，而是一个利益、意识形态与专业相交织的战场。

（二）对城市认识与空间管治思路

各种理论潮流之间并非相互取代与非此即彼的发展过程，而是不断兼容并蓄，这些理论潮流直接影响了城市管理者对大城市发展的认识与管制。最初理解城市是外在客观的物质容器，空间仅承载规模、体量、形态以及功能上的意义，大城市发展需要按照权力等级思维进行规划管制。第二次世界大战后西方国家城市越来越体现为一种要素资本载体，空间（尤其土地）的经济属性凸显，空间的获得成为了以资本为纽带的经济竞争，以科学化的理论方法探索城市演化规律、开展城市规划引导，一批超大城市在全球涌现。上世纪 70 年代后，城市空间与城市社会是辨证统一的，城市更加体现为一种凝结复杂社会关系在内的场所，以往一味的资本逻辑、利润导向所引致的社会短期行为、贫富差距拉大、社会矛盾激化等问题，将成为大城市发展难以承受之重，“重组空间、改良社会”成为了当今西方社会对城市空间认知和管控的潮流。

（三）很多城市问题由不客观认知和不合理管控所造成

不管是经验化、科学化、社会化理论潮流，经验总结、科学推理、尊重主体是客观认知、合理管控的重要基础。很多城市发展中的环境问题、社会问题不是因城市过大而造成的，而恰恰是不客观的认知和不合理的管控所造成的。以城市空气环境污染为例，城市人口密度与出租车碳排放、公共汽车碳排放都呈现显著的负相关关系，平均每平方千米增加 1000 人会减少全年平均每户家庭出租车碳排放 0. 424 吨，减少公共汽车碳排放 0. 837 吨①。也就是说，中国区域性雾霾不是城市大而造成的，城市总污染增加，但人均污染减少，对于区域来说是总污染反而减少了。再以北京城市问题为例，“北京一方面集中过多的中央机关、央企、高校，一边又嫌人多，自然难以两全。为此，北京未来要想控制人口，不应用堵的方法，而应用疏的方法。分散资源比拦截人口更为重要”。②

根据城市分布 Zipf 经验性法则，一个国家其人口数量排名第二的城市，是排名第一的城市人口的二分之一；排名第三的城市，是排名第一城市人口的三分之一。全球绝大多数国家城市分布均符合 Zipf 法则，用城市人口对数来拟合城市排名对数，绝大部分国家的拟合优度都大于 0. 98，没有任何一个国家的拟合优度低于 0. 95③。而我国 300 多个地级市的市辖区人口拟合度仅为 0. 94，300 万人以上的大城市存在较多偏离，人口比预测线少很多。中国一直持续至今的限制大城市的发展政策已使中国的城市分布偏离了世界城市分布所通用的 Zipf 经验性法则。

（四） 对城市认识与空间管治思路的更新

不论何种原因，我们都向往大城市的生活，这里是一切美好的地方。但城里人和成外人都已经意识到，随着大城市建成区空间的扩张、人口规模的膨胀和其高度复杂的经济体系，都在交通、医疗、

① Siqi Zheng, Rui Wang, Edward L. Glaeser, Matthew E. Kahn. The Greenness of China: Household Carbon Dioxide Emissions and Urban Development. NBER Working Paper No. 15621.

② 罗天昊．特大城市人口三大争议［N］．南方都市报，2014 - 10 - 24.

③ Kenneth T. Rosen, Mitchel Resnick. The size distribution of cities: An examination of the Pareto law and primacy. Journal of Urban Economics. Volume 8, Issue 2, September 1980, Pages 165 - 186.

教育和社会服务等一系列问题上产生了“城市病”，比如交通堵塞、环境污染、住房拥挤且昂贵、医疗资源与教育资源紧张等。但其实从某种角度讲，这些政府、市民、市场与企业在面对和解决这些问题的过程中，实际上产生了直接或间接的让我们所不能忽视的重要成果；而这些成果，反过来会对社会稳定和城市发展起到巨大的重要影响和长久的重要作用。

比如，2016 年是全第一部完成的城市规划法出台的 100 周年之际，诞生在世界最大都市之一的纽约市的这部规划法，在 1916 年其规划指导思想就已经有了“如何让城市有序的成长”（Urban Land Use Review Procesure）的先进思想；将城市视为有机生命体，有其诞生、青少年快速成长，中年成熟稳定，甚至老年衰退的一个完整的生命周期。这个成熟先进的规划思想就是建立在面对大城市的问题上，努力在错综复杂的利益中寻找平衡点所建立起来的。

曼哈顿，一个面积仅 80 平方公里，载有长住人口超过 150 万的地区，是产业、人口、交通与文化高度集中的区域，已经是纽约，甚至是美国的心脏。其房产、金融和保险等行业的就业职位已占全市比例超过 90%，商业服务于金融业且极度发达。20 世纪初全球的人口、资金和项目都蜂拥而至，也注定了这里空间的“拥挤”；高耸的摩天大楼成为世界大公司成功的标志，但其硕大的楼体却遮住了地面行人与居住区的日照与通风；受损方联合呼吁盖高楼要缩回，因此才出现了帝国大厦等知名大厦顶尖的造型。这种局面直到二十世纪五十年代中期才被打破，Felice Lambert 费丽斯在对建筑形式和外观的设计绝不妥协的德国建筑大师密斯先生与纽约市政府之间找到了一种平衡：西格玛大厦如果开放出一块免费对市民开放的广场，那建筑就可以不必必须缩成尖顶形式，这种尝试后来被纳入纽约新规划制度中。现在我们已经耳熟能详的富含市场逻辑的常规做法，比如“容积率转移”“空中权交易”，甚至“买房银行按揭”的购房方式都是在住房资源极其紧张且昂贵的大城市中诞生的。对这些问题的反应往往是在大城市中先行体现出来的，主要是由其复杂程度与先进性决定的。这些问题可以看做是市场发展与市民需求的对立，因此问题的解决和经验的总结，可以更尊重个体休闲空间与生活质量，为建筑形式的多样化提供发挥的空间。

Rethinking China's
Urbanization and Metropolis

·第五章· 中国城市人口规模及其特殊影响因素

德国地理学家菲利克斯（Felix Auerbach）在分析城市人口规模分布情况时发现了一个惊人而有趣的现象，在一个地区或国家的城市体系中，城市的人口规模和其在城市体系中按照人口规模所处排序的乘积是一个常数。后来，齐普夫（George Zipf）在社会科学众多领域验证该规律的存在，被称为齐普夫定律。齐普夫定律反映了城市规模与其序位之间的关系，是研究判别城市集聚和城市体系合理性的重要原则。我国城市人口规模是否符合齐普夫定律，有哪些特殊因素会影响我国城市人口规模分布？基于国际视角和中国特殊因素，分析我国城市人口规模分布，有利于得出更科学的判断，有利于指导我国形成更科学、合理的城市人口调控政策，推动城市规模向更加合理的方向发展。

第 1 节

中国城市人口规模的 Zipf 法则再检验

（一） 世界城市人口分布的 Zipf 法则

齐普夫法则是经济学中一个著名的经验定律，它准确揭示了经济空间结构中显著的规律性。根据该定律，一国内经济活动现象（如收入、各类型企业等）的规模分布服从幂律指数为 1 的幂律分布。Auerbach（1913）和 Zipf（1949）最先提出现实城市体系中城市位序与人口规模之间的经验关系符合齐普夫法则。他们认为在自由市场机制的作用下，城市人口格局向齐普夫分布收敛是其发展的稳定趋势和合理的状态。

Rosen 和 Resnick（1980）对 44 个国家的估值中有 32 个国家大于 1，其平均幂律指数是 1.013，标准差为 0.19，几乎所有的国家都落在 0.8 ~ 1.5 的范围内。Krugman（1996）以及藤田昌久（1999）对美国的研究发现，美国城市人口规模对数对城市序位对数的回归系数等于1，并且随着时间的变化这个回归系数并不发生变化。Gabaix（1999）认为美国的城市体系遵循Zipf法则。Soo（2005）对73个国家城市规模的研究表明，城市的幂律指数为1.105，城市群的幂律指数为0.854。Sébastien（2009）对115个样本国家的研究证明，有53%的国家城市规模分布服从齐普夫法则；Giesen and Suedekum（2011）的研究表明无论是在德国的国家层面还是区域层面，城市规模分布都符合齐普夫法则。

Dobkins等（1998）、Krugman（1996a、1996b）、Zipf（1949）以及Gabaix（1999）对美国城市的研究发现，美国城市规模分布服从齐普夫定律；Rozman（1990）、Rosen等（1980）分别考察了中国、日本、印度在19世纪末和20世纪初的城市发展历史，也找到了齐普夫定律存在的证据。

张车伟和蔡翼飞（2012）计算了美国、日本、英国、法国和印度等6个国家的城市规模分布的状况，如图5-1所示。从图5-1可以看出，美国、日本和法国大都市的α指数分别为1.0135、1.0171和0.9844，与齐普夫法则较为吻合。英国、印度的城市体系则偏离齐普夫法则①。

① 张车伟，蔡翼飞．中国城镇化格局变动与人口合理分布［J］．中国人口科学，2012（6）：44-57.

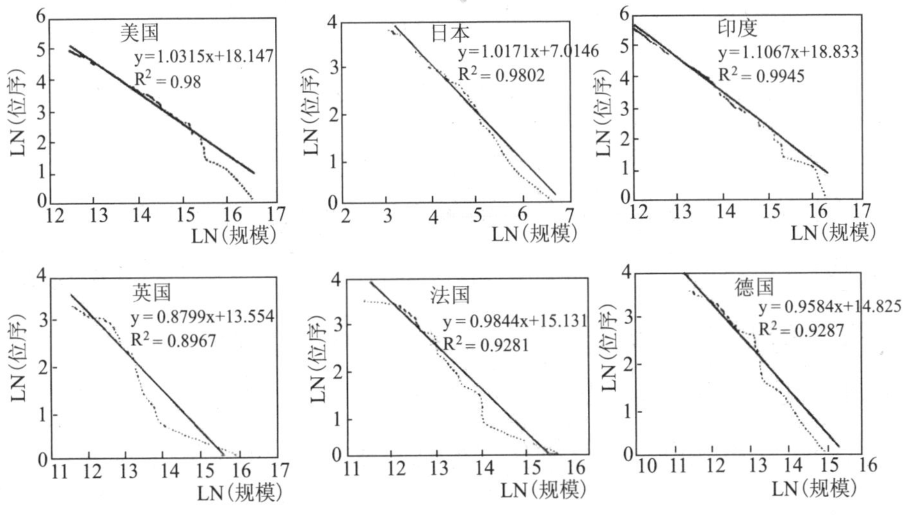

图 5－1　国外城市规模分布状况

资料来源：张车伟和蔡翼飞（2012）。

（二）中国城市人口分布遵循 Zipf 法则吗

1. 中国城市规模分布的研究结论

Song 和 Zhang（2002）的研究表明，中国 1991—1999 年的城市规模分布服从齐普夫法则。Xu 和 Zhu（2009）对 1990—2000 年间中国城市规模分布动态演化情况的分析表明，中国城市规模分布趋于均匀分布，即城市规模呈收敛增长，小城市增长速度比大城市要快。Schaffar（2009）的研究发现，1984—2004 年中国城市规模分布服从齐普夫法则，城市规模呈发散增长。Peng（2010）研究发现 1999—2004 年间中国城市规模分布服从齐普夫法则。Soo（2010）用第五次人口普查的数据证明了中国城市规模分布服从齐普夫法则。

2. 中国地级以上城市规模分布特征

按照齐普夫法则，城市规模分布满足公式

$$P(Size) > S = a/S^{\xi}$$

其中，S 为城市规模，P 为规模大于 S 的城市分布概率，a 为常数，且幂律指数 $\xi=1$。如果 $0<\xi<1$，表示城市规模分布比齐普夫法则所描述的更为均匀，即位次较低的中小城市比较发达，位次较高的大城市不很突出；如果 $\xi>1$，表示大城市比齐普夫法则描述的更大，即城市规模更为分散化，高地位城市较突出，中地位城市发展不够。

用位序 i 的对数对规模 $S_{(i)}$ 的对数做普通最小二乘回归，可以得到幂律指数 ξ_n：

$$\ln i = A - \xi_n \ln S_{(i)}$$

但 OLS 估计其存在的缺陷是在小样本的情况下，估计结果是有偏的，而且对城市按规模大小进行排序再回归会导致误差项之间具有自相关性，不符合经典回归中误差项相互独立的假设，从而导致幂律指数标准误和标准误方差的估计是有偏的。

Gabaix 和 Ibragimov（2011）提出在小样本条件下，一种简单的可以消除偏差的方法是将因变量（序位 i 的对数）改成（$i-1/2$）的对数，即：

$$\ln(i - 1/2) = A - \xi_n \ln S_{(i)}$$

实证研究表明 1/2 是最优的位移量，可以最大限度地减少估计偏差[①]。

城市规模最准确的度量应该是城区常住人口数量。鉴于数据的可获得性，采用城市常住人口来衡量城市规模。用第六次全国人口普查数据，以4个直辖市和335个地级市为样本，以常住人口总数来表示城市规模，通过回归得出 $\xi=0.92$，接近1，标准差为0.58。说明中国城市规模分布与齐普夫法描述的城市规模分布有一定的偏离，$\xi=0.92<1$ 意味着位次较低的中小城市比较发达，位次较高的大城市不很突出。

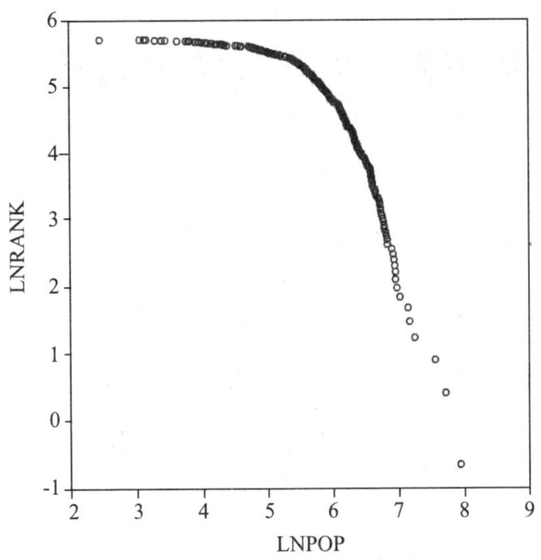

图5-2　城市规模与等级对数关系散点图

① 沈体雁，劳昕．国外城市规模分布研究进展及理论前瞻——基于齐普夫法则的分析［J］．世界经济文汇，2012（5）：95-111.

第 2 节 中国特大城市人口的国际比较

（一）中国特大城市数量并不明显偏多

联合国发布的《2014 年世界城市化发展展望》显示，2015 年世界将有 29 个城市的人口规模超过 1000 万，44 个城市的人口规模介于 500 万～1000 万之间，428 个城市的人口规模介于 100 万～500 万之间，538 个城市的人口规模介于 50 万～100 万之间，690 个城市的人口规模介于 30 万～50 万之间。而中国有 6 个人口规模超过 1000 万的城市，占世界的 20.69%；10 个人口规模为 500 万～1000 万的特大城市，占世界的 22.73%；89 个人口规模为 100 万～500 万的城市，占世界的 20.79%；155 个人口规模为 50 万～100 万的城市，占世界的 28.81%；147 个人口规模为 30 万～50 万的城市，占世界的 21.30%，如图 5－3 所示。总体而言，中国各规模的城市数量均占世界的 1/5 左右，城市规模呈均等化现象，特大城市并没有明显偏多。

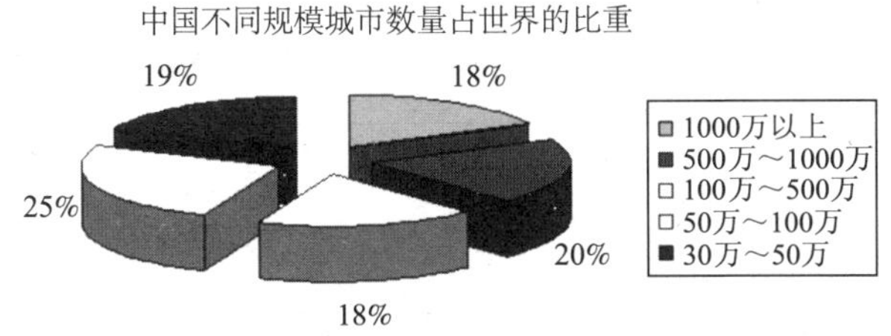

图 5－3 中国不同规模城市数量占世界的比重

根据该报告的数据，2015 年中国人口规模在 500 万以上的城市数量与人口规模在 100 万～500 万的城市数量之比为 0.18；从整个世界来看，该比值为 0.17，中国略高于世界的平均水平。陆铭和陈钊的研究表明，中国 2009 年市辖区年末人口规模超过 300 万的城市有 18 个，人口规模介于 100 万～300 万之间的城市有 106 个，两者比率也为 0.17。著名区域经济学家亨德森的研究表明，2000 年全球人口规模在 300 万以上的城市与人口规模介于 100 万～300 万之间的城市之比为 0.29；而中国同口径测算的比值为 0.119[1]。由此可见，虽然 2000 年以来中国城市人口的集中度在不断提高，但是并未显著高于世界同期数据。

（二）中国特大城市人口规模并不大

联合国发布的《城市集聚区（2014）》列出了世界人口规模最大的三十个城市群。其中，上海排名第 3，与最大的城市群东京圈相差 1480 万人；北京排名第 7，与东京相差 1830 万人；重庆排名第 16，与东京相差 2490 万人；广州排名第 22，与东京相差 2600 万人；天津排名第 24，与东京相差 2690 万人；深圳排名第 26，与东京相差 2710

万人。单纯从人口规模的角度来说，中国的特大城市的人口规模并不算特别高，而且并未达到人满为患的地步。

表 5-1　2014 年世界三十大城市集聚区

城市圈	国家	2014 年人口（百万）	世界排名	预计 2030 年人口（百万）	世界排名	2014 年城市群人口	
						占总人口的比重（%）	占城市人口的比重（%）
东京圈	日本	37.8	1	37.2	1	29.8	32
德里	印度	25.0	2	36.1	2	2.0	6.1
上海	中国	23	3	30.8	3	1.6	3.0
墨西哥城	墨西哥	20.8	4	23.9	10	16.8	21.3
圣保罗	巴西	20.8	5	23.4	11	10.3	12.1
孟买	印度	20.7	6	27.8	4	1.6	5.1
大阪都会区（京阪神）	日本	20.1	7	20.0	13	15.8	17
北京	中国	19.5	8	27.7	5	1.4	2.6
纽约－纽瓦克	美国	18.6	9	19.9	14	5.8	7.1
开罗	埃及	18.4	10	24.5	8	22.1	51.3
达卡	孟加拉国	17.0	11	27.4	6	10.7	32
卡拉奇	巴基斯坦	16.1	12	24.8	7	8.7	22.7
布宜诺斯艾利斯	阿根廷	15.0	13	17.0	18	35.9	39.2
加尔各答	印度	14.8	14	19.1	15	1.2	3.6
伊斯坦布尔	土耳其	14.0	15	16.7	20	18.4	25.2
重庆	中国	12.9	16	17.4	17	0.9	1.7
里约热内卢	巴西	12.8	17	14.2	23	6.3	7.4
马尼拉	菲律宾	12.8	18	16.8	19	12.8	28.7
拉各斯	尼日利亚	12.6	19	24.2	9	7.1	15.1
大洛杉矶都会圈	美国	12.3	20	13.3	26	3.8	4.7
莫斯科	俄罗斯	12.1	21	—	—	8.5	11.5
广州	中国	11.8	22	17.6	16	0.8	1.6
金沙萨	刚果	11.1	23	20.0	12	16	38.2
天津	中国	10.9	24	14.7	22	0.8	1.4

续表

城市圈	国家	2014 年人口（百万）	世界排名	预计 2030 年人口（百万）	世界排名	2014 年城市群人口	
						占总人口的比重（%）	占城市人口的比重（%）
巴黎	法国	10.8	25	—	—	16.7	21
深圳	中国	10.7	26	12.7	29	0.8	1.4
伦敦	英国	10.2	27	—	—	16	19.5
雅加达	印尼	10.2	28	13.8		4.0	7.6
首尔	韩国	9.8	29	—	—	19.7	24
利马	秘鲁	9.7	30	12.2	30	31.6	40.4

资料来源：Urban Agglomerations 2014。

（三）中国特大城市人口集聚程度并不高

从人口集聚程度来看，中国特大城市所集聚的人口占总人口的比重以及占整个城市人口的比重都显著低于世界其他特大城市。布宜诺斯艾利斯集聚了阿根廷 35.9% 的人口、39.2% 的城市人口；东京圈集聚了日本 29.8% 的人口、32% 的城市人口；首尔集聚了韩国 19.7% 的人口、24% 的城市人口。相比之下，上海仅集聚了中国 1.6% 的人口、3% 的城市人口；北京集聚了中国 1.4% 的人口、2.6% 的城市人口；广州集聚了中国 0.8% 的人口、1.6% 的城市人口；天津和深圳集聚中国 0.8% 的人口、1.4% 的城市人口。中国的总人口是阿根廷的 33 倍，日本的 11 倍，韩国的 28 倍。但从国家总人口的角度来看，中国的特大城市人口集聚程度并不高。

（四）中国特大城市人口密度偏低

由于城市面积有行政区划意义上的市区面积和城市建成区面积之分，各国的统计口径不甚一致，所以对世界各国城市人口密度进行比较非常困难。城市建成区面积是能够更加科学衡量城市面积的指标。但是，关于城市建成区在国际上并没有统一的定义，各个国家的标准都不尽相同。Demographia 每年都会按照统一的标准对世界各国城市的市区面积、人口等相关指标进行报告。该机构所使用的市区（Urban area）也叫建成区（Built - up area）或城市集聚区（Urban agglomeration），指的是属于同一个劳动市场的连续建成区，不包含农村土地。市区被认为是最能代表“城市足迹”的指标，它指的是在晴朗的夜晚飞机或卫星可以明显观测到亮灯的区域。

《Demographia World Urban 11th Annual Edition：2015：01》显示，在世界最大的 30 个城市区中，上海的人口密度为 6100 人/平方千米，北京为 5500 人/平方千米，广州—佛山为 6000 人/平方千米，深圳为 6900 人/平方千米，天津为 5400 人/平方千米，远低于达卡 43500 人/平方千米，孟买 32400 人/平方千米，德里 12100 人/平方千米，首尔 10400 人/平方千米的数值，如图 5 – 4 所示。

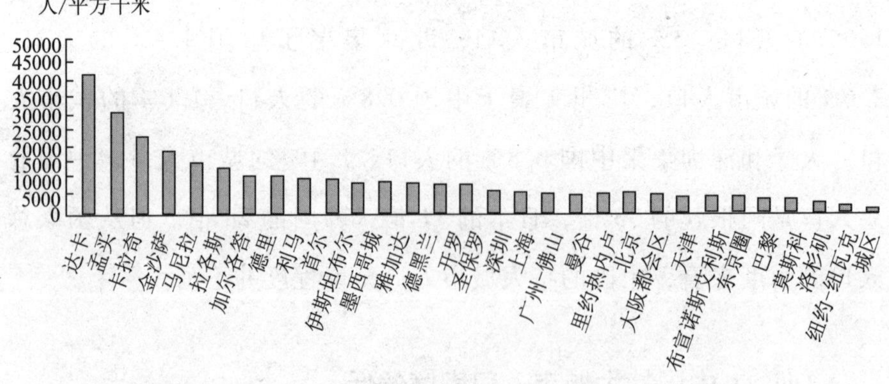

图 5 – 4　世界前三十大城市区人口排名

资料来源：作者研究整理。

表 5－2　2015 年世界三十大城市人口密度

排名	城市	国家	2015 年的估计人口	城市区面积（km^2）	密度（/km^2）	基期	数据来源人口/面积
1	东京圈	日本	37843000	8547	4400	2010	C / B
2	雅加达	印度	30539000	3225	9500	2010	C / B
3	德里	印度	24998000	2072	12100	2011	A / B
4	马尼拉	菲律宾	24123000	1580	15300	2010	C / B
5	首尔	韩国	23480000	2266	10400	2010	C / B
6	上海	中国	23416000	3820	6100	2013	L / B
7	卡拉奇	巴基斯坦	22123000	945	23400	2011	C / B
8	北京	中国	21009000	3820	5500	2013	L / B
9	纽约－纽瓦克	美国	20630000	11624	1800	2010	N /N
10	广州－佛山	中国	20597000	3432	6000	2010	C / B
11	圣保罗	巴西	20365000	2707	7500	2010	C / B
12	墨西哥城	墨西哥	20063000	2072	9700	2010	C / B
13	孟买	印度	17712000	546	32400	2011	C / B
14	大阪都会区（京阪神）	日本	17444000	3212	5400	2010	C / B
15	莫斯科	俄罗斯	16170000	4662	3500	2010	C / B
16	达卡	孟加拉国	15669000	360	43500	2011	C / B
17	开罗	埃及	15600000	1761	8900	2015	C / B
18	洛杉矶	美国	15058000	6299	2400	2010	N / N
19	曼谷	泰国	14998000	2590	5800	2010	C / B
20	加尔各答	印度	14667000	1204	12200	2011	A / B
21	布宜诺斯艾利斯	阿根廷	14122000	2681	5300	2010	C / B
22	德黑兰	伊朗	13532000	1489	9100	2011	C / B
23	伊斯坦布尔	土耳其	13287000	1360	9800	2011	C / B
24	拉各斯	尼日利亚	13123000	907	14500	2015	D / B
25	深圳	中国	12084000	1748	6900	2010	C / B

续表

排名	城市	国家	2015年的估计人口	城市区面积（km^2）	密度（$/km^2$）	基期	数据来源人口/面积
26	里约热内卢	巴西	11727000	2020	5800	2010	C / B
27	金沙萨	刚果	11587000	583	19900	2015	D / B
28	天津	中国	10920000	2007	5400	2013	F/ B
29	巴黎	法国	10858000	2845	3800	2010	A/ A
30	利马	秘鲁	10750000	919	11700	2015	C / B

资料来源：Demographia World Urban 11th Annual Edition：2015：01。其中，城市面积根据卫星图测量，指的是连续的城市建筑物所构成的区域，且同时属于同一劳工市场，不同于行政区划面积。A 为国家官方统计数据；B 为 Demographia 用地图和卫星影片估计的城市化地区面积；C 为 Demographia 修正后的“建成区”内人口数据；D 为基于联合国城市集聚区人口评估结果估计的数据；F 为其他人口估计（包括地方政府）；N 为利用国家人口普查机关计算的都会区（combined urban area）人口。

第 3 节

影响中国城市人口规模的特殊因素

（一） 紧张的人地关系

土地是一种稀缺资源，人口越多的国家土地资源越稀缺，人口密度也就越高。狭义的人地关系是指人口与耕地的关系，广义的人地关系是指人类社会与自然环境交互作用的关系。根据联合国经济与国际事务部《2014 全球城市化发展报告》显示，世界总人口为 72.44 亿人，中国人口为 13.96 亿人，人口数量位居世界第一，占世界总人口的 19.27%。就狭义的人地关系而言，据联合国统计 2012 年中国人均耕地面积为 0.0784 公顷/人；而世界平均水平为 0.1986 公顷/人，中国仅为世界平均水平的 2/5。显然，由于人口数量多、基数大，中国的人地关系较为紧张。但是，世界上许多国家人口密度比中国还要高，比如新加坡、日本、韩国、英国等。虽然这些国家土地资源稀缺，但是凭借发达的经济基础和高度集约的城市缓解了这一矛盾。

因此，对中国而言通过发展大城市提高人口聚集度是缓和人地关系矛盾的有效途径之一。根据世界银行2015年的《东亚变化中的城市图景：度量十年的空间增长》报告显示，2000—2010年间，东亚869个城市中有484个城市（占56%）人口密度呈上升的趋势；385个城市（占44%）人口密度呈下降的趋势，其中有364个城市（占94.55%）来自中国。这一方面说明，中国城市发展存在“摊大饼”式的无序扩张，未能积极推动土地资源的集约利用；另一方面说明，中国有很多城市的人口正在流失，而同时某些城市的人口更加集聚。换言之，中国人口有向大城市进一步集聚的趋势。

表5-3　2000—2010年间东亚国家城市人口密度变化

国家/地区	平均密度变化（人/平方千米）	密度上升的城市数量	密度上升城市人口占比	密度下降的城市数量	密度下降城市人口占比	城市总数
中国	+78	236	39	364	61	600
印度	+1974	74	96	3	41	77
日本	+454	59	100	0	0	59
越南	+894	28	93	2	7	30
菲律宾	+851	19	90	2	10	21
马来西亚	+684	19	100	0	0	19
韩国	-73	9	56	7	44	16
泰国	+386	11	100	0	0	11
缅甸	+1347	10	100	0	0	10
台湾	-519	3	30	7	70	10
朝鲜	+515	9	100	0	0	9
文莱	+198	1	100	0	0	1

续表

国家/地区	平均密度变化（人/平方千米）	密度上升的城市数量	密度上升城市人口占比	密度下降的城市数量	密度下降城市人口占比	城市总数
柬埔寨	+49	1	100	0	0	1
老挝	+359	1	100	0	0	1
蒙古	+411	1	100	0	0	1
巴布亚新几内亚	+846	1	100	0	0	1
新加坡	+928	1	100	0	0	1
东帝汶	2285	1	100	0	0	1
所有国家	+321	484	56	385	44	869
所有国家除中国	+846	248	92	21	8	269

资料来源：世界银行 2015 年的《东亚变化中的城市图景：度量十年的空间增长》。

（二） 较短的海岸线

纵观世界人口迁移与流动的历史可以发现一个重要的规律，即人口由内陆地区向沿海地区迁移。从世界人口分布密度来看，沿海沿湖的平原地带，尤其是一些海岸线比较曲折、具有优良港湾的地区和某些大河入海口处是世界人口最稠密的地区。目前，各大洲中距海岸 200 公里以内临海地区的人口比重，已显著超过了其面积所占的比重，并且沿海地区人口增长的趋势将会长期存在。由此可见，海岸线的长度会对一个国家的人口密度产生影响，换言之，一个国家的人均海岸线越短，人口密度就会越高，反之亦然。通过选取的统计数据可以获得，并且以总人口超过百万并拥有海岸线的 112 个国家在 2010 年的数据为研究对象（其中海岸线长度指大陆海岸线长度，数据来源于中情局世界概括），分析其人口密度与人均海岸线长度之间的关系，如图 5－5 所示。由图 5－5 可以看出，两者的对数值呈现负相关关系，线性相关系数为－0.40。同样的道理，一个国家的人均海岸线越短，特大城市的数量就应该越多。以人口超过百万、拥有海岸线、拥有百万以上人口城市的 87 个国家为研究对象，分析百万以上人口城市数量与人均海岸线的关系，如图 5－6 所示。由图 5－6 可以看出，两者的对数值同样呈现负相关关系，相关系数为－0.18。尽管相关度并不是特别高，但是相关的方向还是很清晰的。

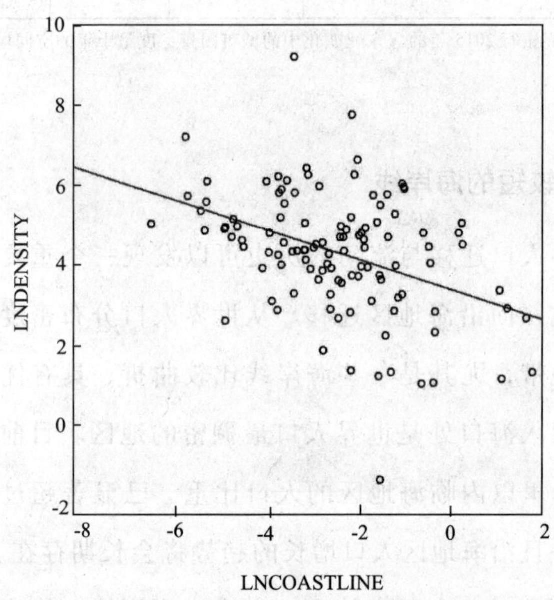

图 5－5　人口密度与人均海岸线的关系

资料来源：作者研究整理。

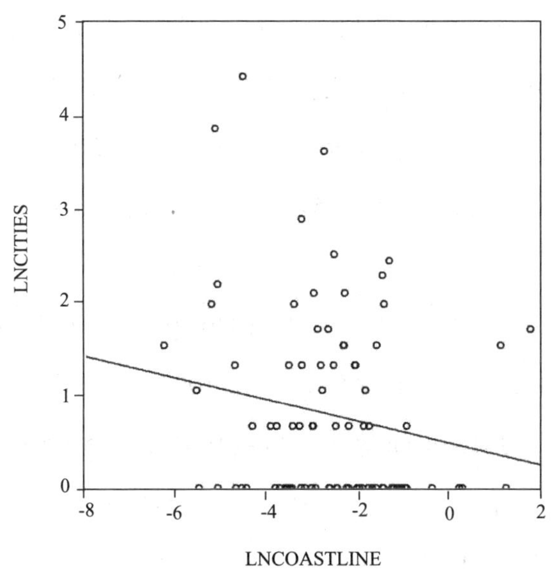

图 5－6　人口 100 万以上城市数量与人均海岸线的关系

资料来源：作者研究整理。

中国海岸线总长度为 32075 千米，其中大陆海岸线长度为 14500 千米。按海岸线总长度计算的海岸线与国家面积之比仅为 3.335 米/平方米，人均海岸线长度仅为 0.023 米。在拥有海岸线的 190 多个国家中，中国海岸线与国家面积之比的排名是第 147 位（资料来源于维基百科，各国海岸线长度列表）。因此，中国较短的海岸线意味着中国应该具有更高的城市人口密度。

（三） 工业化和城市化的特殊发展阶段

早在 20 世纪 70 年代初，西方发达国家就基本上完成了工业化和城市化的过程。目前，这些国家人口的城市化比例最高已达到 90%，最低也在 65% 以上。中国正处于工业化和城市化快速发展的特殊历史阶段，而且人口基数大。据联合国《全球城市化发展报告(2014)》预计，到2020年中国城市人口将达到8.74亿，城市化率达61%；到2030年中国城市人口将达到10亿，城市化率达68.7%。2014年底中国城镇人口达7.49亿，这意味着到2020年和2030年中国分别将至少有1.25亿和2.51亿人口进城。这些人口将流向何处呢?

分别选择10个常住人口超过1000万、10个常住人口在300万~500万之间以及10个常住人口在100万~300万之间的城市，计算其在2008—2013年间常住人口的增长率，如图5-7所示。由如图5-7可以看出，人口超过1000万的城市常住人口年均增长率显著高于300万~500万和100万~300万的城市，除石家庄、保定和重庆低于2%外，其他城市均高于2%；而300万~500万和100万~300万的城市常住人口年均增长率并无显著差别，除中山、舟山和酒泉增长率略高于1.5%，其他城市均在1%左右，甚至有4个城市年均增长率为负。这将意味着，在未来的城市化过程中，如果

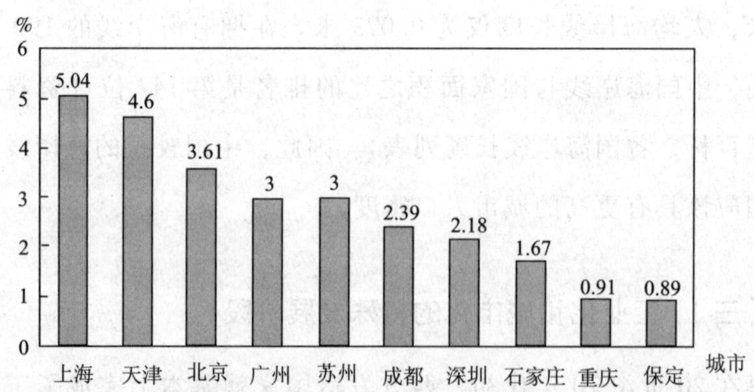

图5-7 部分人口超过千万的城市2008—2013年常住人口年均增长率

数据来源：wind宏观经济数据库。

户籍制度等人为设限被逐步取消的话，将会有大量的农村或中小城镇人口流入人口在1000万以上的特大城市中。

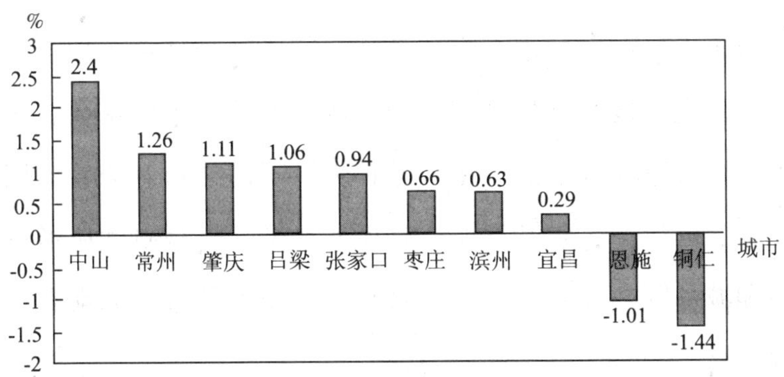

图5-8　人口300万~500万的城市2008—2013年常住人口年均增长率

数据来源：wind宏观经济数据库。

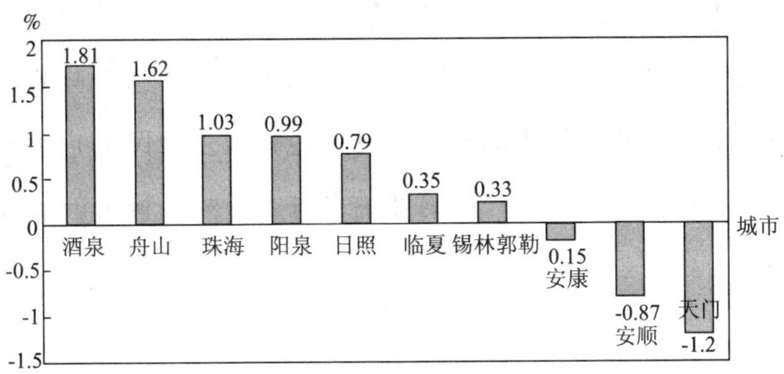

图5-9　人口100万~300万的城市2008—2013年常住人口年均增长率

数据来源：wind宏观经济数据库。

（四）户籍制度

户籍制度是中国政府对大陆公民实施的以户为单位的人口管理制度，它不仅是以反映人口基本信息为核心的户籍登记、统计、档案、证件等内容的行政法律制度，而且是与公民的身份、职业、迁徙等权利相关的一系列社会管理制度。这种户籍制度将中国公民分为城市居民和农村居民，而且严格控制农村人口向城市人口的转变、控制小城市人口向大城市人口的转变，这是计划经济时期推行的工业与城市优先发展战略的体现。随着改革开放的不断深入，城乡发展水平和公共财政水平的差距日益扩大，不同户籍意味着不同的就业、教育、医疗、社会保障等社会福利水平，户籍制度所形成的城乡差距和城乡壁垒日益强化，并限制了劳动力的自由流动和城市化的进程。

中国的城市化由1990年的26.44%跃升至2014年的54.77%。2014年中国城镇常住人口为74916万，农村常住人口为61866万，而2014年中国“人户分离人口”达到了2.98亿人，其中流动人口为2.53亿人，“户籍城镇化率”仅为36.2%左右。这意味着因为户籍制度，2.53亿流入城市的外来人员（包括大量农民工）不能享受城市所提供的社会福利。户籍制度是乡村人口移居城市的最大制度障碍。

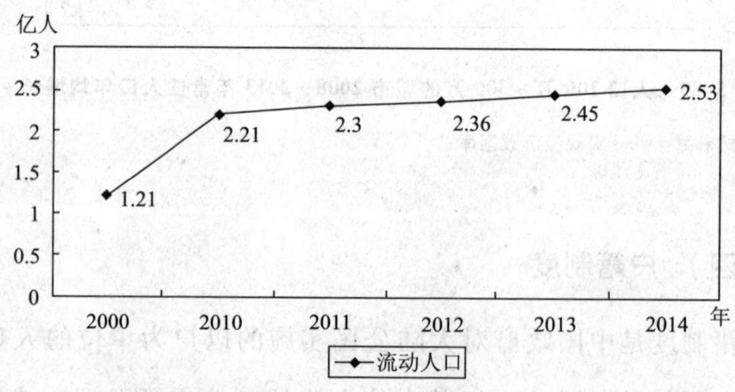

图5-10　2000—2014年中国流动人口数量图

党的十八届三中全会《关于全面深化改革若干重大问题的决定》中提出，创新人口管理，加快户籍制度改革，全面放开建制镇和小城市落户限制，有序放开中等城市落户限制，合理确定大城市落户条件，严格控制特大城市人口规模。虽然户籍制度改革在不断深化，但未来一段时间内仍然是国家实施人口控制的重要手段，也是影响城市规模的重要因素。

Rethinking China's
Urbanization and Metropolis

·第六章· 直面中国的大城市病：发展中的阵痛

Rethinking China´s Urbanization and Metropolis

中国的城镇化被誉为人类历史上规模最大、发展最快的社会运动，它给中国社会带来了翻天覆地的变化，也给政策制定者带来了诸多的挑战。主要体现在交通拥堵、环境污染、住房困难以及公共服务短缺与发展滞后等问题。有中国城市研究学者认为，当中国城市的规模达到一定程度（450 万人口，密度约 8000 人/平方公里），其城市规模与人口密度给城市带来的正面效应将不再显现。这与其他国际案例的发展路径有较大的区别，处于领先水平的国际大都市往往在利用高人口密度带来的经济优势的同时，仍能较好地维持民生保障、社会稳定及高效的资源分配利用。当然中国的整体发展水平，包括宜居城市、环境治理、交通管理、社会保障等方面，与纽约、伦敦、东京、巴黎等国际大都市之间，无疑还存在着相当大的差距，究竟原因何在？历史视野上看，西方大城市在交通疏导、环境治理、平稳房价和公共服务完善方面又有哪些先进的经验？

第 1 节 交通拥堵

（一）中国特大城市的交通拥堵现状

随着城市化和机动化进程的加快，我国大城市的经济社会发展与交通发展出现了一定程度的失衡。城市空间结构不合理、道路设施供给不足、交通需求管理不完善等因素加剧了大城市的交通拥堵问题，中国大城市尤其是特大城市交通拥堵状况要远超国外特大城市水平。

已有文献表明，中国特大城市的单程通勤时间达到 35 ~ 50 分钟，而欧美国家特大城市的单程通勤时间只有 20 ~ 35 分钟（郑思齐、曹洋，2009；牛文元等，2012；McKenzie and Rapino，2011）。牛文元等（2012）对中国 50 个城市的单程通勤时间的调查显示，北京需要 52 分钟，广州、上海、深圳分别以 48 分钟、47 分钟、46 分钟紧随其后，这一单程通勤时间远大于美国（费城最长，为 38.3 分钟）和欧洲（英国最长，为 22.5 分钟）的主要大城市（US Census Bureau，2005；King and Leibling，2003）。北京师范大学发布的《中国劳动力市场报告（2014）》显示，在所调查的典型城市中，北京、广州、上海和深圳等几个特大城市的日平均通勤时间都接近或者超过一个半小时，“舟车劳顿”已经成为大城市人群每天都要经历的事情。

瑞银集团进行的一项针对超大型城市交通状况的调查显示，中国城市的平均行车速度为全球最慢。该调查涵盖了伦敦、纽约、东京、北京、上海等特大城市，结果发现，伦敦的道路交通状况最好，市区车辆的平均时速为 29 公里，其次是纽约和新加坡，同为 24.9 公里/小时；而中国城市的行车平均速度最低，其中，平均车速最低的前三位城市分别是北京（12.1 公里/小时）、上海（16.3 公里/小时）和广州（17.2 公里/小时）。

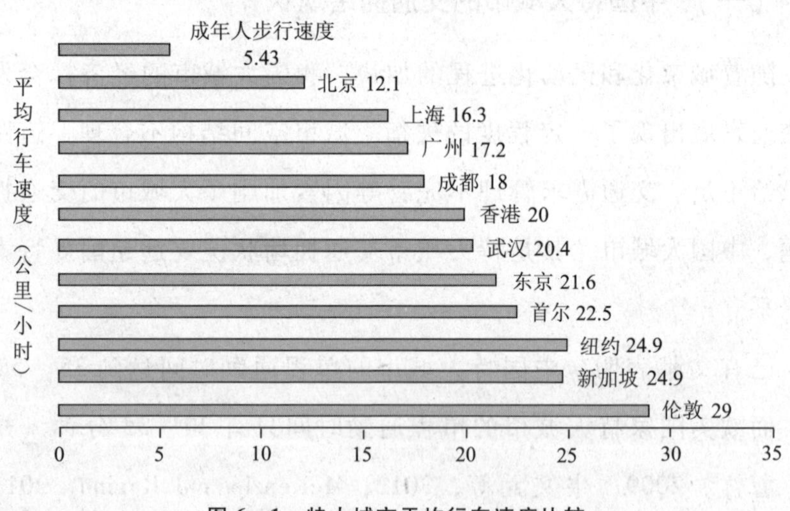

图 6-1 特大城市平均行车速度比较

数据来源：瑞银集团，AECOM 世界城市研究院。

郭继孚等（2011）指出，造成中国大城市交通拥堵的深层次原因在于中国城市发展屡屡突破城市总体规划的限制规模、城市人口密度与小汽车保有量之间呈现畸形的对应关系、城市公共交通竞争力不足、以步行和自行车为主的绿色出行方式日益萎缩等多个方面。尽管，近几年国内许多特大城市都采取了积极的治堵措施，如北京2005年确立了公交优先发展的方针并重点进行轨道交通建设，以及北京、上海、广州、贵阳、石家庄、天津、杭州和深圳等8个城市也相继实行了限牌政策，其中北京、杭州、深圳等地还采取重点交通拥堵路高峰时段机动车单双号限行的措施，但目前这些城市的交通拥堵情况仍然不容乐观，如何更有效和全面地解决特大城市交通拥堵问题仍是一项具有重要现实意义的课题。

（二）纽伦东巴的交通拥堵问题

国际大城市在其城镇化、机动化快速发展的历史时期都遇到了严重的交通拥堵问题。20世纪20年代随着福特汽车的大量生产使汽车变得平民化，于是使得用汽车取代电车成为可能，汽车郊区的居住形态出现了。1919—1929年，美国小汽车保有量从677.1万辆增至2312.1万辆。其中，以纽约为代表的美国东海岸城市由于经济发达、人口众多、城市化水平高，率先经历了交通拥堵。1900—1929年，纽约人口由343万增至700万，小汽车由1396辆增至25万辆，到1940年中心城区的交通拥堵达到令人难以容忍的程度，城市居民因居住环境的恶化开始迁往郊区居住。美国以低密度平房和小汽车交通为主体的近郊发展策略来应对城市扩展和交通问题，然而这种分散的土地开发会导致人们更加依靠小汽车交通，使公共交通萎缩，不利于解决交通拥堵问题。

第二次世界大战后，伦敦的小汽车拥有量也急剧上升，到20世纪60年代中期，伦敦地区的小汽车达到300万辆，交通拥堵非常严重。但由于资金短缺，伦敦的道路建设未能按规划实施，而伦敦小汽车拥有量急剧上升。到20世纪60年代末期，伦敦上下班的公交线路已伸展到离市中心40千米处，每天有120万人来伦敦市中心上班，已有的道路负担不了日益增长的交通量。因此，交通拥堵问题开始被视为需要解决的主要问题。在巴黎，由于上世纪60年代采取了“适应小汽车发展”的交通策略，私人小汽车数量与日俱增，导致市区交通出行受阻，1973年环城快速路开通后不久就出现了持续性的拥挤。20世纪60年代的东京交通也比较混乱，路网平均车速只有8千米/时，东京小汽车也由1950年的6万辆增至1969年的200万辆，到1979年则多达300万辆，交通拥堵十分严重，因而有“通勤地狱”之称。这些经验表明，国外大城市在快速城市化的过程中都曾经饱受拥堵之困。

（三）世界各大城市对交通拥堵问题的解决方法

为了有效解决城市的交通问题，世界各个城市均在不同交通发展阶段提出了相应的交通优化策略。通过总结发现，纽约、伦敦、东京、巴黎、等世界级大城市（本书下文对此简称纽伦东巴）在解决交通拥堵方面已形成相对成熟和可供借鉴的经验，主要存在交通供给、交通需求和空间政策等三大策略（陆锡明等，2003；马强，2007；高文杰等，2007；彼得·卡尔索普等，2007；徐东云，2009）。

表6-1　世界大城市解决交通问题的综合策略

城市	交通供给策略	交通需求管理策略		空间优化策略
		倡导公共交通	控制个体交通	
伦敦	道路网系统建设；消除道路堵塞瓶颈；现代化交通信号控制系统	462千米的地铁系统；公交专用道和公交信号有限；改善公共汽车设施；公交票价平稳费率；一体化智能卡票制	交通拥挤收费	新城
巴黎	环城干道和放射路网的道路格局	地铁和区域快速铁路；公交一票制；特定群体公交补助；公交设施“无障碍”改良		新城
纽约	汽车专用路；智能交通信号系统	地铁和通勤铁路；地铁系统统一票制；830条公共汽车运营线路；轨道交通与私人交通之间“P+R”设施	中心区停车高收费	郊区新的城市中心
东京	道路建设与路网完善；智能化交通管理	2000KM的轨道交通网络；良好的驳运系统	提高燃油税、提高停车费；道路拥挤费	副中心、新城
新加坡	立体陆路交通网络；自适性交通控制信号系统	以地铁为主题的轨道交通系统	财税政策和车辆配给措施条件保有量；电子道路收费系统调节使用量	新市镇
中国香港地区	道路系统建设	重轨、轻轨、公共汽车、小型汽车、电车、出租车、轮渡相结合的公交系统	首次登记税及每年牌照费；汽油税、道路通行费及拥挤收费；停车位控制	新市镇、新城

资料来源：孙斌栋，等．我国大城市交通发展的空间规划战略研究——以上海为例［M］．南京：南京大学出版社，2009.

1. 交通供给策略

交通供给策略主要包括增加道路长度和面积、路网完善、建立智能交通系统（ITS）等措施。比如巴黎，从20世纪30年代开始，为满足汽车的推广与使用，巴黎不断的扩充道路建设，公路网的骨架在1960—1970年间形成。纽约在20世纪30年代的道路建设中也开辟了大量的汽车专用道，到2008年纽约的道路运行系统总长已达到9.1万千米，其中3000千米是汽车专用路，是世界上最大规模的汽车专用路（孙斌栋等，2008）。当道路网络骨架已经形成，但道路供给增长能力达到边界时，交通供给策略则会转向通过引进智能交通系统（如ITS系统）来提升通行效率。比如，东京从20世纪70年代开始就已在开发智能交通系统，该系统能科学计算车辆流量并依此对交通信号做出调整，巴士司机可以随时获取各主要路段的路况信息，市民也可以很方便的获取有关公共交通的实时信息，以便最大限度的减少交通延误。美国也是建设现代化智能交通管理系统（ITS）最为成功的国家之一，该系统使得美国的交通拥堵率降低20%，车祸发生率降低50%～80%（刘治彦，2011）。

2. 交通需求策略

交通需求策略可以分为两类，一类是引导性的公共交通优先策略，包括轨道交通建设、BRT快速公交、地面公交信号优先、公交专用道、票价优惠等措施。多个城市在路面交通和管理上也确保公交优先，比如巴黎大区公交系统已拥有1436条线路，其中巴黎市区62条、巴黎近郊3省205条、远郊4省1078条，夜间车线路42条和大区内其他城市内线路49条，指定“红色通道”并设置供公交车专用车道；伦敦则实施了建设公交车专用道、实行公交车信号优先、公交票价平稳费率等措施。

世界特大城市的发展经验表明，在市区内部出行以及各大都市区城际之间联系中，轨道交通系统均占据主导地位，发展大容量的公共交通尤其是轨道交通是解决交通拥堵的有效方法。比如，东京人口1000多万，机动车700多万辆，但并不拥堵，原因就在于东京建成了市区与郊外、地下与地面四通八达、互联互通的发达轨道运输网。现在东京都小时通勤圈内轨道网总长度达2365公里，远远超过巴黎、纽约和伦敦。与此同时，东京所有住户中，住宅到最近车站的距离不足500米者占七成以上，超过1公里的只占0.53%，（周建高，2013、2014）。中国香港地区则建成了以重轨、轻轨、公共汽车、小巴、电车、出租车、轮渡相结合的便捷公共交通系统。研究表明（Newman，1999），公共交通对于高人口密度区来说也将更为有效（见下表）。

表6-2　交通方式和城市人口密度

大陆	城市	工作出行使用公共交通	工作出行不幸和自行车	人口密度（人/平方英里）
北美	休斯顿	4	3	3000
	洛杉矶	7	4	7400
	芝加哥	15	5	12300
	纽约	27	7	23700
欧洲	法兰克福	42	9	15772
	斯德哥尔摩	55	14	23710
	巴黎	36	15	25003
亚洲	东京	49	22	34130
	汉城	60	20	77258

资料来源：Peter Newman，Jeffrey Kenworthy. Sustainability and Cities：Overcoming Automobile Dependence. Washington，D. C.：Island Press，1999：82-83.

需求策略的另一方面是限制性的个体交通控制策略，包括控制汽车拥有量、中心区交通拥堵收费、停车位高收费、高额汽车税费、鼓励绿色交通等措施。新加坡很早就从拥有和使用两个方面来调控小汽车的交通需求，比如通过财税配套政策和车辆配给措施实行小汽车限购，并于1975年和1998年先后引进了人工道路收费系统和电子道路收费系统，通过收取“拥堵费用”来控制进入中心区的交通量。伦敦也于2003年正式实施“交通拥挤收费”政策，据悉该方案实施后超过40万人放弃私家车改乘公共交通工具，交通流量下降了16%，开车所用的时间比过去缩短了14%。中国香港地区主要通过税收政策和提高牌费来增加购买小汽车的成本，如根据购车价格，私家车首次登记税率达到35%～100%，而且排量越大的缴税越多；中国香港还采用较高的汽油税、道路通行费、拥挤收费及电子道路收费等措施调节其使用量，比如停车费一项，中国香港一般市区的停车费为30元一个小时，而中环、铜锣湾等商业中心的普遍停车费则达到60元一个小时。此外，鼓励绿色交通也开始形成一种趋势，例如，纽约尝试将布鲁克林区威洛比大街的机动车道路改为步行和自行车道路，并提出“更绿色，更美好的纽约”规划；伦敦和巴黎均大力推进公共自行车计划，以改善步行和自行车交通条件。以上交通需求改善措施都有效的抑制了小汽车的使用，促使市民更多转向使用公共交通工具和绿色交通工具。

3. 城市空间策略

空间策略则重视多中心大都市区规划（突破行政区划界限），围绕铁路和轨道交通轴向拓展，按照职住平衡的原则，通过建设卫星城、新城或新市镇来疏解城市中心区非必要功能，围绕公共交通节点规划建设（TOD）。在中心城市周边发展综合新城、形成组团城市并以公共轨道交通和换乘系统联系各组团被认为是有效分散交通流的方式之一（陆锡明等，2003；张捷、赵民，2005）。伦敦是最早进行卫星城和新城建设的大城市，从1944年的大伦敦规划开始到1990年，伦敦共建造了11座新城，这些新城疏解了大量中心城的人口和工业，客观上减轻了城市交通的压力，改善了城市交通的拥挤状况。

1965 年的巴黎大区规划为巴黎新城建设奠定了基础，其在外围建设了 5 座新城，新城吸引了大批来自巴黎及其近郊的居民，1968—1990 年的 22 年间，新城共吸引了超过 20 万的人口从巴黎及其近郊迁出，为疏解巴黎市区的人口和交通起到了积极的作用（刘健，2004）。

（四）中国特大城市交通拥堵的治理思路

纽约、伦敦、东京、巴黎等世界城市在实施交通策略方面所体现的规律和积累的经验表明，在解决交通拥堵问题时并不是简单采用限制人口进入的政策，而是需要在遵循发展规律基础上不断提高城市管理和交通管理水平，同时要充分利用先进的交通管理技术。因此，我国国特大城市在改进交通发展战略和设施策略时可从以下几个方面重点切入。

1. 发展大运量公共交通

在公共交通方面，过去中国大城市主要依赖于地面巴士系统，尽管地面巴士具有一定的可达性，但几乎不具备与当今城市规模相适应的机动性。大城市应大力发展高机动性、高运载量的轨道交通网络，以提升特大城市公共交通系统的机动性和通行能力（易汉文，2015）。一个完善的公共交通系统应由 3 个层次的网络构成，包括城际直达网络（高铁、地铁、轻轨）、干线走廊网络（地铁、轻轨、BRT）和支线集散网络（轻轨、巴士、出租、共乘），其中，第一、第二层次主要解决机动性问题，同时具备较大运能；第三层次主要通过地面巴士、辅助公交（paratransit）、公车合租（vanpool）、私车共乘（carpool）等方式为第一、第二层次网络提供集散服务，解决可达性问题，以建立便捷和无缝的连接。

2. 增加道路面积和路网密度

我国特大城市中心城区的道路人均拥有量还处于较低的水平，加强交通基础设施的投入仍有必要。以北京为例，北京的首都功能核心区（东城区与西城区）人均道路面积为5.12平方米，人均道路长度0.462米，分别为东京的45%和35%，其人均道路面积仍不高，加大道路面积的交通供给策略仍是必要的。不过，由于我国特大型城市的中心城区已经过长时间的发展，城市道路布局已基本成型，比如北京市的中心城区道路网总体上已经形成了方格网与环路、放射线相结合的布局。因此想要缓解这类大城市中心城区的交通拥堵问题，除了可以进一步提升道路面积率外，还可以增加细密路网的建设，加快重要街区的支路建设，降低主干道和次干道的交通负荷程度，为干线提供多个分流疏散的通道（赵先立，2012）。此外，建设立体交通网、新增公交车专用道、改进交叉点设计、无缝换乘等措施都有助于提升交通供给容量。

3. 利用智能交通系统提升交通管理效率

根据著名的Downs定律，交通需求总是趋于诱导需求超过其交通设施的供给能力。总体来看，目前中国大城市的道路管理水平仍然不高，交通智能化水平亟待提高。因此，在增加道路静态容量的同时还要通过智能交通系统来提升交通需求的管理效率。比如，应充分利用大数据、云计算、物联网、车联网等技术，建设智能交通管理系统（ITS），提升交通路口和部分路段车速和流量测量的时效性和准确性，通过在计算机上进行模拟实验并确定最佳整改方案，以实现智能化的交通调控。

4. 合理运用价格政策和限制政策控制小汽车的增长和使用

国际经验表明，提高小汽车的拥车门槛和小汽车用车成本，对于减少小汽车的快速增长效果明显。在提高拥车门槛方面，可参考新加坡和中国香港的经验，在充分论证和听证的前提下，通过征收机动车购置税、牌照登记税以及车牌摇号竞买政策来限制小汽车的过快增长。在提高小汽车用车成本方面，在必要的时候对进入特定区域（如城市中心区）道路的车辆实行拥挤收费政策、调节中心城区的停车费用。此外，还应通过改革公车制度、完善道路交通法律法规、加强停车管理和严格执法等措施来调控大城市中心城区的小汽车使用状况。

5. 采用公共交通导向的土地开发模式

从几大世界城市的经验看，几乎没有城市采用限制人口进入的策略，而更优的策略则是通过协调交通规划与城市空间规划的方式来优化交通布局和合理分散城市的功能，从而缓解城市交通的拥堵问题。目前，国外规划界比较推崇公共交通导向的土地开发模式（TOD 模式），提倡混合型、高密度开发以及多方式出行。尽管国内一些特大城市的城市轨道交通里程不断增加，但交通拥挤现象却不见明显改善，其原因在于城市轨道交通只是在被动适应城市“大饼式”发展所带来的快速增长的交通需求，而没有将轨道交通建设与城市功能构建结合起来。因此，国内特大城市应加强引入 TOD 模式，统筹城市空间策划，围绕车站进行城市规划、街区设计和高强度的综合开发，提升轨道交通对客流的引导性作用，实现交通政策与城市总体规划的有效协调，切实缓解特大城市的交通压力。

第 2 节
环境污染

（一）中国特大城市的环境污染现状

环境污染是世界各国大城市病的一大挑战，环境包括大气、水体、垃圾、固体废弃物和噪声污染，其中，最难治理的是空气污染（废烟、废气），如何防治城市空气污染的危害成了现代大城市治理的一项重要而紧迫的课题，本文将主要聚焦特大城市的空气污染问题。随着城市机动车保有量的快速增长，我国一些大城市的大气污染正由煤烟型向汽车尾气型转变（施明旻，周留煜，2012）。我国雾霾天气的成因主要有：工业排放的废气，火力发电的废气，汽车尾气，取暖、做饭等日常用煤产生的废气，沙漠化等生态破坏带来的沙尘等。

根据 2014 年世界卫生组织（WHO）发布的调查结果，我国 PM2. 5 浓度年均值排名前十五的特大城市分别是西安、北京、南京、武汉、成都、哈尔滨、沈阳、杭州、天津、苏州、重庆、上海、广州、深圳和香港，PM2.5浓度年均值排名前十五的特大城市顺序与此相同。其中，除了香港和深圳以外，其他城市的空气污染数值均明显超过世界卫生组织《空气质量准则（2005）》的指导值规定，即PM2.5浓度年均值小于10微克/立方米和PM10浓度年均值小于20微克/立方米。其中，这十五个城市的PM2.5浓度的算术平均值达到42.7，PM10浓度的算术平均值达到93，分别是WHO指导值的2倍有余和4倍之多，表明我国特大城市的空气质量不容乐观（香港和深圳的PM2.5浓度相对低一些）。

与此同时，有数据表明，日本东京、日本横滨、纽约、伦敦、巴黎、洛杉矶等多个国际城市的空气质量均要远优于国内特大城市（见表）。其中，除了洛杉矶以外，巴黎、伦敦、纽约、日本东京、日本横滨等国际城市的PM2.5浓度年均值仅为WHO指导值2倍之下，PM10浓度年均值也仅是略高于WHO的指导值，表明这些曾遭遇严重大气污染问题的城市均获得了较大的改善，也说明特大城市的空气污染问题是能够得到有效治理的。

表6-3　国内部分特大城市空气污染情况

城市名称	年均PM2.5浓度（微克/立方米）	年均PM10浓度（微克/立方米）
西安	58	126
北京	56	121
南京	52	114
武汉	50	108
成都	47	102

续表

城市名称	年均 PM2.5 浓度（微克/立方米）	年均 PM10 浓度（微克/立方米）
哈尔滨	46	101
沈阳	46	101
杭州	45	98
天津	44	96
苏州	41	90
重庆	41	89
上海	36	79
广州	32	69
深圳	26	57
香港	21	45

数据来源：Ambient (outdoor) air pollution in cities database 2014，世界卫生组织（WHO），http://www.who.int/phe/health_topics/outdoorair/databases/cities/en/。按照世界卫生组织 2005 年《空气质量准则》的指导值规定，年均 PM2.5 浓度应小于 10 微克/立方米，年均 PM10 浓度应小于 20 微克/立方米。

表 6-4 国外特大城市空气污染数据

城市名称	年均 PM2.5 浓度（微克/立方米）	年均 PM10 浓度（微克/立方米）
洛杉矶	20	33
巴黎	17	24
伦敦	16	22
纽约	14	23
东京都千代田区	10	22
日本横滨市	10	22

数据来源：Ambient (outdoor) air pollution in cities database 2014，世界卫生组织（WHO），http://www.who.int/phe/health_topics/outdoorair/databases/cities/en/。按照世界卫生组织 2005 年《空气质量准则》的指导值规定，年均 PM2.5 浓度应小于 10 微克/立方米，年均 PM10 浓度应小于 20 微克/立方米。

根据我国环保部的调查，我国空气污染仍存在几个方面的主要问题，一是三大重点区域仍是空气污染相对较重的区域，京津冀区域 13 个地级以上的城市中，其中有 8 个城市排在前 10 位，区域内

PM2.5年均浓度平均超标1.6倍以上。二是复合型污染特征突出，传统的煤烟型污染、汽车尾气污染与二次污染相互叠加，部分城市不仅PM2.5和PM10超标，O_3污染也日益凸显。三是重污染天气尚未得到有效遏制，2014年全国共发生两次（2月和10月）持续时间长、污染程度重的大范围重污染天气过程，重污染天气频发势头没有得到根本改善。数据还显示，2014年北京市达标天数的比例为47.1%，与2013年相比下降了1.1个百分点，PM2.5年均浓度为85.9微克/立方米，与2013年相比下降4.0%。因此，我国大气污染形势依然严峻，加大力度开展更有效的治理工作刻不容缓。

（二）纽伦东巴环境污染问题剖析

历史经验表明，在城市化和工业化快速发展的时期，诸如伦敦、洛杉矶、德国鲁尔区、东京等世界城市均曾遭遇过严重的空气污染。18世纪60年代，英国发生了以蒸汽机为动力、用机器代替手工的工业革命，彼时大型火力发电厂、煤厂、化工厂林立，持续燃烧的煤炭也产生大量的二氧化硫和煤烟粉尘，伦敦因长期被烟雾笼罩而被称为“雾都”。伦敦在1873—1962年期间发生了10次以上的严重大气污染事件，其中，1952年12月5日至9日，由于大量二氧化硫和粉尘污染，5天内伦敦因吸入污染物而死亡的达到4000多人，事件前后总共造成12000多人丧生。极端的城市灰霾天气，严重影响了到城市居民的正常生活和当地的旅游业、农业等经济活动。

洛杉矶光化学烟雾事件是20世纪重大空气污染事件之一。1943年7月26日，美国洛杉矶遭遇了“毒雾”，浓烈的烟气沉降在市区。最初，洛杉矶政府认为毒雾源于空气中的二氧化硫，因此对产生二氧化硫的炼油厂、排放烟尘的工厂等加以严格管控，但收效甚微。此后近10年间，当地政府一直努力寻找“病因”却一直未能如愿，烟雾一直未有较大改善，在污染严重时，洛杉矶甚至一年有约200天都烟雾弥漫。1952年12月和1955年9月，洛杉矶发生两次光化学烟雾事件，造成800余名65岁以上老人因呼吸系统衰竭而死亡。此后，经过不懈的探索，洛杉矶政府终于认识到造成烟雾的罪魁祸首是当时250余万辆汽车每天排放的1000多吨碳氢化合物所造成的。经过漫长的治理，直到20世纪末，洛杉矶的烟雾问题才基本得到解决。

20世纪50年代，德国鲁尔工业区因工业生产排放了大量的烟尘、二氧化硫、二氧化碳、一氧化碳、有毒烟尘微粒和臭氧等，使空气污染严重到汽车无法通行、呼吸困难的程度。1962年12月，德国鲁尔工业区因二氧化硫超标（浓度高达5000微克/立方米），发生了严重雾霾，直接造成150多人死亡，雾霾危机直到80年代才被有效遏制，工业污染被认为是造成其鲁尔区污染的主要原因。对于法国巴黎而言，虽然过去几十年巴黎并没有出现灾难式的空气污染问题，但也一直被大气污染所困扰，“病因”是过多使用机动车辆产生的大气污染物排放。日本东京在其快速城市化的过程中也遭遇过严重的空气污染的问题，其在20世纪70年代曾多次发生重大光化学污染事件，成为世界上大气污染最严重的城市之一。其中，1970年7月8日，东京发生光化学烟雾和二氧化硫废气重大污染事件，近2万人患红眼病，治理空气污染成为了彼时东京和日本几大工业城市的迫切任务。

（三）纽伦东巴对环境污染问题的解决方法

雾霾天气是西方发达国家工业化和城市进程中的伴生物，这些国家借助立法和行政手段，采取多项措施防治大气污染并取得了成效。毫无疑问，这些国家都没有使用限制人口的政策来解决环境污染的问题，而是在掌握大气污染“病因”的基础上，通过提升技术和管理水平来解决城市空气质量问题。这些治理措施主要包括：

1. 通过立法手段治理雾霾

伦敦烟雾事件发生后，英国的《清洁空气法案》应运而生，《清洁空气法案》提出禁止黑烟排放、升高烟囱高度等措施，该法在1958年经过修改后日趋完善，成为英国治理雾霾的基础性法律之一。为治理雾霾，美国于1963年颁布了《清洁空气法案》，并在随后颁布了《空气质量法案》，这两部法律是美国对国内空气质量监督和管理的基础性法律文件。美国环保署还在1987年废除了原先的标准，加入了对PM10和PM2.5大气含量的控制标准。此外，雾霾最严重的加利福尼亚州还在1977年成立了加州南海岸空气质量管理局，这是一个专门的空气质量监管机构，其对改善洛杉矶的空气质量起到了重要影响。日本于1970年召开“公害国会”，成立环境污染控制中央委员会，并制订、修订《大气污染防治法》等14项有关环境的法律及标准，《大气污染防止法》就总量控制、限制燃料使用、控制机动车污染、改善命令、应急措施等方面作了规定。

2. 优化能源使用结构与效率

20世纪50年代，伦敦市开始推广使用清洁能源；1956年，开始大规模改造传统炉灶，逐步使用天然气，冬季集中供暖；20 世纪 70 年代，伦敦市内改用煤气和电力，并把火电站迁出城外；2003 年，伦敦市政对进入市中心的车辆征收“拥堵费”，对于控制机动车尾气的排放起到了积极作用。洛杉矶于 1953 年开始推广空气污染控制技术；20 世纪 60 年代率先制定了机动车尾气排放限制标准；1975 年要求所有汽车配备催化转化器；20 世纪 70—80 年代鼓励以甲醇和天然气取代汽油；1987 年通过汽车公乘计划；1988 年成立技术进步办公室帮助企业发展低排放或者零排放技术。日本东京也通过采用先进的清洁生产工艺、大力发展轨道交通、治理汽车尾气污染等措施优化了能源的使用结构和使用效率。

3. 引入市场机制调节污染排放

最著名的例子就是 20 世纪 70 年代美国建立了世界上首个区域空气污染排放交易机制，用于对大气污染源进行管理，并逐步建立起以气泡、补偿、银行、容量节余为核心内容的排污权交易体系。比如，加州推出的空气污染排放交易计划中，囊括了大约 300 多家企业，在相关机构排污进行的污染物排放在线实时监控的基础上分配，并要求这些企业根据相关的统计数据，每年递减，迫使企业自己减少空气污染物的排放。1990 年《清洁大气法修正案》通过后，联邦政府开始实施酸雨控制计划，排污交易主要集中于二氧化硫，在全国范围内的电力行业实施，有可靠的法律依据和详细的实施方案，成为迄今为止最广泛的排污权交易实践。美国二氧化硫排放权交易的实践表明，排污交易具有显著的环境和经济效果，二氧化硫排放削减量大大超过预定目标，排污许可的市场价格远远低于预期水平。

4. 发展清洁能源

自20世纪60年代以来，在世界能源与环境危机的倒逼作用下，西方国家一致在调整能源结构，重视利用可再生能源，如水能、风能等。2008年又催生了新能源革命，各发达国家都致力于发展太阳能等新能源，逐步取代化石燃料，以从根本上遏制大气污染。

（四）中国特大城市环境污染的治理思路

尽管我国已建立了一整套适合国情的大气污染控制政策体系，但仍存在大气污染防治的经济政策不配套、环境监管力度不够、缺乏适合国情的大气污染治理技术等问题（施明旻和周留煜，2012）。为此，我国应当从以下几个主要方面着手，推进城市空气污染的治理工作。

1. 全面落实《大气污染防治行动计划》

国务院于2013年9月出台了《大气污染防治行动计划》（简称“大气十条”），提出了10条35项综合治理措施。要深入实施“大气十条”，以雾霾频发的特大城市和区域为重点，以细颗粒物（PM2.5）和可吸收颗粒物（PM10）的治理为突破口，抓住产业结构、能源效率、尾气排放和养成等关键环节，健全政府、企业、公众共同参与的新机制，实行区域联防联控，深入实施大气污染防治行动计划。以《大气污染防治行动计划》为基础，通过依法治污、严格治污，更有效的推动我国大气污染的防治。

2. 加快产业结构升级

我国正处于工业化的中后期阶段，产业结构以重化工业为主，高耗能、高污染行业增长偏快。因此，要依据环保法规及行政、经济调控手段，加快淘汰落后产能，对耗能大、污染重、效益差的企业坚决实行关、停、转，对污染大户要强制执行环保处理措施，建立相应的问责制度。要推动工业企业进行工艺改造，加大环保投资力度，对废气的排放进行综合利用。要实行严格的环保项目准入，鼓励发展高附加值、低碳的高新技术产业和现代服务业，推动产业结构转型升级。

3. 加快推动油品升级

随着小汽车保有量的快速增长，我国一些大城市出现了汽车尾气型的大气污染。在尾气的污染物中，以含硫排放物为主，油品标准越高，所含硫就越少。目前我国处在实施车用汽油国三标准阶段，含硫量不超过 150ppm，车用柴油硫含量不得超过 350ppm。而欧盟和日本已经将汽油和柴油中的含硫量降至 10ppm，美国是 30ppm。这意味着中国当前的汽油标准是欧洲、日本的 15 倍，美国的 5 倍，柴油则是欧日标准的 30 余倍，油品升级滞后也造成了我国汽车尾气污染治理的滞后。因此，要加快研究出台政策以解决油品升级与油价调整的机制，本着优质优价、谁污染谁付费的原则，建立合理的因油品升级带来的成本上升分担机制，推动各地方加快执行油品高标准。

4. 优化能源消费结构

我国是全球煤炭最大的消费国，煤炭在我国能源消费结构中长期占据主导地位，我国七成二氧化硫排放和一半以上的烟尘都与燃煤相关。以煤为主的能源结构和传统的用煤技术造成的高排放是当前大气污染治理的重点。与等热值燃料相比，天然气产生的碳排放量比煤炭少40%之多，比燃料油少30%，相对来说是清洁的能源。需理顺天然气价格，提高天然气在能源生产和消费中的战略地位，积极推动煤层气、页岩气等非常规天然气的勘探开发和利用。同时，要协调发展风电和分布式光伏发电，推行使用可再生能源。

5. 探索区域联防联控合作机制

国外的成功经验表明，解决区域大气污染问题，必须尽早采取区域联防联控措施。有数据表明，特大城市雾霾污染有20%～30%来源于区域传输。一个生动的例子是，2008年得益于京津冀晋蒙等地共同实施联防联控措施，北京在举办奥运会期间的空气质量得到了大幅改善。因此，未来国家应将京津冀、长三角、珠三角等国家大气污染防治重点区域划定为大气污染联防联控重点区域，通过建立污染防治的统一规划、联合监测、信息共享和公开、联合预警、联合应急响应等具体措施，强化大气污染防治部门联合和区域联动。

第3节

住房困难

（一）中国特大城市的住房困难现状

随着我国城市化进程的加快，较大的住房需求导致了我国房价在近10年呈上涨趋势，特大城市房价的上涨尤为明显。数据显示，12个样本特大城市的住宅商品房的平均销售价格从2002年的2906元/平方米上涨到2013年的11011元/平方米，年均涨幅达12.9%，高于同期我国住宅商品房平均售价的年均涨幅3.1个百分点。2013年我国住宅商品房平均售价为5850元/平方米，仅为12个特大城市住宅平均价格的53%。其中，2013年房价排名前四的城市分别是深圳、北京、上海和杭州，住宅平均价格分别达到23427元/平方米、17854元/平方米、16192元/平方米和14679元/平方米，2002—2013年的年均涨幅分别达到14.5%、13.4%、13.5%和14.9%，大幅高于全国平均涨幅。这表明我国特大城市房价上涨速度要远快于全国平均水平。

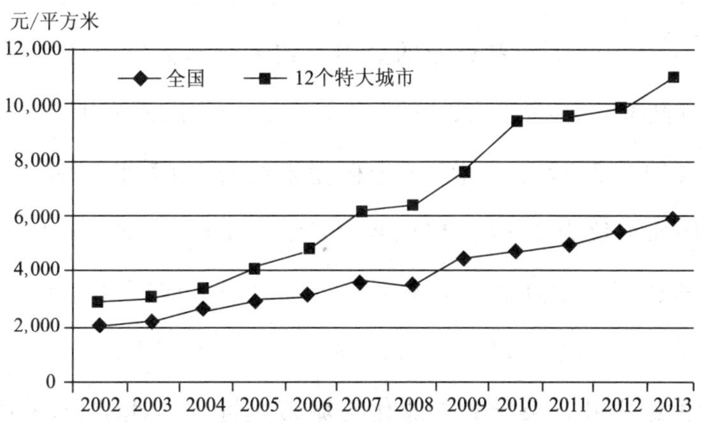

图 6－2　12 个特大城市与全国住宅商品房平均售价对比

数据来源：国家统计局，12 个特大城市包括城区常住人口超过 500 万人的 12 个城市（截至 2014 年底），包括上海、北京、广州、深圳、重庆、天津、武汉、南京、成都、沈阳、哈尔滨、杭州、西安。

房价的快速上涨加重了大城市民众的购房压力。上海易居房地产研究院（2014）的研究结果表明，2013 年，我国部分特大城市的房价收入比已偏离了合理值；其中，深圳、北京、杭州、上海、广州、南京 6 个城市的房价收入比分别偏离各自合理值的幅度达 56%、45%、36%、21%、21% 和 14%。郎启贵等（2014）基于租金收入比和剩余收入法评价了当前我国公共租赁房保障对象的租金支付能力，研究表明，北京、上海、广州、成都 4 个城市的中低偏下收入、低收入家庭租住公共租赁房仍面临着支付能力问题，深圳和大连的低收入家庭也同样存在着租金支付问题。

（二）纽伦东巴住房困难问题剖析

1955 年开始日本迈进高速增长阶段，城市（尤其是大都市）高速发展。1950 年日本城市化仅为 37.29%，1955 急剧上升到 56.10%；其中，1950—1970 年，东京人口急速膨胀，从 628 万迅速增加到 1140 万，人口和就业的集中导致了日本大城市住房紧缺和贫民区问题凸显。数据表明，1948 年日本人均住房面积为 3.47 个榻榻米数量（约合 5.79 平方米，1 个榻榻米约合 1.67 平方米），而东京人均住房面积仅为 2.79 个榻榻米（约合 4.66 平方米），大阪也仅为 3.11 个榻榻米，都远低于日本全国平均水平。1957 年，东京的贫民区达到 273 个，其中 231 个在市中心（邓宁华，2013）。

19 世纪中叶，英国的工业化与城市化进入高速增长的时期，伦敦人口从 1850 年的 268.5 万迅速增长到了 1890 年的 563.8 万，在半个世纪里人口翻了一番，人口就业的激增使伦敦的住房市场供需失衡和住房问题日益严重，居住空间拥挤、卫生条件差、居住条件恶劣是当时主要的住房问题。伦敦通过市场政策和福利政策并举的住房政策模式下，已基本缓解初期严重住房短缺和城市贫民窟问题。到了 19 世纪后期，人口的持续增长导致住房供应不足、房租上涨，社会矛盾激化，政府才意识到改善中低收入居民住房问题的紧迫性，因此颁布了一系列法律并开始了公共住房的建设。

1900 年纽约市区的人口密度达到每平方公里 64 万人，创下人口密度的世界纪录。到 19 世纪末 20 世纪初，由于城市规模的不断扩大和人口的不断涌入，纽约城市的住房供不应求，加之国家对住房市场的直接干预很少，导致贫民窟遍布纽约市，住宅短缺现象十分突出。据统计，19 世纪末纽约市的贫民窟住宅有 4.3 万个，有近 150 万居民生活其中，而当时纽约人口还不到 400 万（王旭，2006）。第二次世界大战后住房紧缺以及郊区化引起的内城贫民窟现象严重是纽约甚至美国城市住房的主要问题。直到 1949 年，联邦政府通过住房法开始了城市更新运动，在这一背景下纽约政府也开始了以新的贫民窟整治以及公共住房建设为核心的住房政策。

新加坡是世界上人口密度最高的国家之一，人口密度达 7254 人/平方公里，市区人口密度更达到了 9886 人/平方公里，较高的人口密度使新加坡的住房问题尤为严重。由于新加坡独立前的英国殖民政府较少关注低收入者的住房需求问题，从而导致了 20 世纪 60 年代新加坡住房市场的极度紧缺，“屋荒”现象严重。据统计，新加坡当时有 25 万人居住于环境极其恶劣的居所，另外 33 万多人口居住在棚户区，1965 年脱离马来联邦后，新加坡 25% 的人口仍住在棚屋中，短缺现象依然严重。且当时人口年增长率为 4.3%，当时新加坡每年所需新建房屋数量不少于 150000 套。随后新加坡推行了“居者有其屋”、中央公积金购房计划等措施才算解决了问题。

20 世纪 50—60 年代，大量内地居民涌入中国香港地区，使香港居住的应急需求急剧上升，当时香港主要通过建造徙置房（石硖尾村）和廉租房（北角村）来解决需求。进入 70 年代，随着经济高速发展和居民收入的提高，早期建设的居所空间和条件已不能满足其需求，香港随即在 1972—1982 年实施了“10 年建屋计划”，以期为 180 万香港居民提供合理居住环境的住所。进入 80 年代，尽管香港大多数居民已经拥有稳定的居所，但当时仍有 18 万人在公屋轮候册上等候获得公屋，还有一些人住在临时房屋，申请购买居屋的人也远远超过出售居屋的数目，因此，随后香港又推出了 1987—2001 年长远房屋策略，意在扩大重建计划、确保所有家庭都获得合适的居所，并协助市民自置居所。

（三）纽伦东巴对住房困难问题的解决方法

第一，建立多层次的公共住房保障制度。即要针对不同需求和对象、运用多种保障手段以保障公共住房，尽可能地满足社会需求。比如，在手段方面，主要采用提供公共自住住房（包括新建增量和存量更新）、廉租房（如中国香港地区的轮候配屋制）以及提供住房补贴（比如纽约的“人头补贴”和“砖头补贴”）三种形式。此外，伦敦在20世纪初还采用过控制房屋租金的做法，香港也在1947年制订了《业主与租客条例》，规定租金水平，纽约也曾出台《租金控制法》，但现在已很少有发达国家或地区会采用租金管制的做法。在覆盖对象方面，中国香港地区的住房社会保障除了公共租住房屋外，还在不同时期针对不同的收入阶层和需求分别推出过“居者有其屋计划”“私人机构参建居屋计划”“租者置其屋计划”“夹心阶层住屋”“长者安居乐住屋计划”“长者租金津贴计划”“置业资助贷款计划”等计划。从20世纪60年代到90年代，新加坡政府建立了一个以中央公积金为主要资金支持，以自有住房为主要权属且政策对象覆盖广泛多层次的住房政策体系。

第二，综合运用多种金融财税优惠政策支持公共住房的供应与购买。公共住房的金融财税优惠政策成为推动住房保障制度建设的关键，比如新加坡采用了中央公积金制度，中国香港地区则实施自用住房的所得税减免措施，英美实行优惠住房抵押贷款政策，日本以低息贷款来鼓励企业从事民间住宅建设。国际经验表明，发达国家和地区都针对中低收入家庭综合运用多种金融财税优惠政策支持公共住房发展。

表 6－5　发达国家和地区支持公共住房发展的财税金融政策措施

城市	措施举例
新加坡	1968 年开始，允许住房购买者动用部分中央公积金作为首付和月供，来购买住房开发局住房；在 70 年代，赋予永久租户更灵活的选择，如没有首付要求，贷款偿还期限可延长到 20 年，减免物业税等；政府还允许在特定条件下在再出售时有一定的利率优惠。1993 年，二级市场购买者最多可获得相当于售价 80% 的抵押贷款，低收入家庭则可达 95%
中国香港地区	自用住房的所得税减免，有关住房的税项主要是差饷、物业税和印花税三种，其综合税率比西方国家低；港府还对自用住房免收物业税，以期提高物业自住率和自有率。金融机构在抵押贷款的设计上采取非常灵活的手法，对贷款条件和内容进行不同的组合
英国	通过延长抵押贷款偿还期、提高贷款率、根据借款人的不同需要和收入状况采取灵活多样的贷款方式等多项抵押贷款优惠措施以促进居民购房
美国	实施以住房抵押贷款为核心的公共住房金融政策模式，并大力推行住房抵押贷款证券化。除了市场化金融信贷体系之外，还设有专门的信贷机构，如联邦住宅银行委员会、联邦住宅抵押贷款公司、联邦住宅管理委员会等，为为买房提供抵押贷款保险与资金
日本	《住宅取得促进税制》中规定，利用住宅贷款自购、自建住宅的居民，在 5 年内可以从每年的所得税中扣除当年年底的住宅贷款剩余额的 1%。另外，对财产登记税、不动产所得税、城市建设税实行了减免，并且规定住房资金中的赠款部分可免缴赠与税

第三，合理拓宽公共住房建设运营资金筹措渠道。稳定充足的资金是公共住房建设与供应成功的基础保障。中国香港地区在这方面具有较好的经验。中国香港地区公共房屋建设的资金来源途径主要有两个：一是政府通过免费拨地、拨出资本和贷款提供资助；二是房委会通过出租公屋及其附属商业楼宇、出售自置居所单位获得维护及兴建公共租住房屋所需的资金。1973 年，在新的房委会成立后，政府以免费拨地及贷款的形式提供资助。在房委会停止出售资助自置居所以前，公屋租金收入是房委会仅次于出售资助自置居所收入的第二大收入来源，但由于房委会长期奉行低租金的政策，出租公屋一直以赤字运行，需要巨额补贴。房委会主要通过出租公共

房屋附属的商业设施，以及通过各种自置居所计划出售房屋，从而资助兴建公屋的庞大资本开支和补贴公屋营运开支的长期巨额赤字。

（四）中国特大城市住房困难的解决思路

发达国家和地区的经验表明，大城市都曾遭受住房紧缺的困难，但政府并没有采用限制人口的做法，而是通过建立公共住房体制机制来帮助低收入人群解决住房问题。自从1998年住房制度全面改革以来，我国城镇居民的住房状况有了较大的改变，但问题同样存在。如何切实保障广大中低收入居民的居住权益，是我国住房保障体制改革目前面临的一个重大课题。本文认为可从以下几个方面完善我国的公共住房保障体系。

第一，要加快完善住房保障法制建设。经过多年的改革实践，我国已初步建立起了以经济适用房制度、廉租房制度、公共租赁房、住房公积金等为主要内容的住房保障体系，但我国住房保障领域的立法仍然严重滞后于现实的需要，比如经济适用房、廉租房和住房公积金三者在管理制度上和财政上都是被分割的，缺乏统一的协调机制，导致政策实施过程中缺乏有效性。进一步完善住房保障法律体系将为建立更有效的住房保障体系提供制度基础。

第二，建立多层次的公共住房保障制度。要综合利用建造公共自住房、廉租房和提供住房补贴等手段解决中低收入家庭的公共住房问题，通过建立科学合理的中低收入评估体系，完善住房保障的分类供应结构科学，合理设置中低收入标准，提高政府住房保障政策的针对性。要继续坚持和推行分层住房供应结构制度，即高收入家庭通过市场方式解决，中等收入家庭主要通过政策优惠由市场方式解决，低收入家庭通过政府资助和廉租房形式解决。还应针对“夹心阶层”的需求出台相关资助方法。此外，还要加大棚户区的改造，加快城市更新。在此过程中，有必要积极转变政府职能，把保障房制度的建设纳入政府考核体系，尽快消除“土地财政”成为大城市房价过快上涨的体制性诱因。通过加快改革财税体制，加快建立完善公共住房保障制度。

第三，充分运用金融财税政策完善我国住房保障体系。公共住房保障需要有足够的资金支撑，因此，完善的住房保障制度意味着要有一个完善的融资渠道和政策性金融支持体系与之相配套。因此，可充分借鉴新加坡、香港、欧美等的经验，进一步发展和完善住房公积金管理、低息抵押贷款、住房抵押贷款证券化、税收减免、建立住房政策银行、开征房产税等措施，以支持我国保障房的供应。

第 4 节 公共服务短缺

（一）中国特大城市的公共服务短缺现状

随着我国城市人口规模和居民收入水平的不断增长，城市公共服务的供需矛盾日益突出，由此造成了看病难、看病贵、入学难等问题，公共服务短缺导致的“城市病”也因此成为了一些学者提出控制城市人口规模的重要理由。本文将聚焦于公共医疗服务方面的问题。

当前我国的公共医疗方面存在着总量不足、结构不合理、需求不匹配等问题。第一，总量矛盾主要表现在由于人口增长（包括常住外来人口）、人口老龄化、收入增长及医保水平提高等导致看病需求快速增长，与当前医疗供给能力不足之间的矛盾。以医疗资源最为密集的北京为例，2004—2013 年，尽管北京医生数量从 4.9 万增加到 7.9 万，但北京市医院的门诊和出院人数增加更快，从 103 万增长到245.6万，增长了122.7%，年就诊人数与医生之比从2004的21提高到2013年的31。据国家卫计委的统计和抽样测算，2013年北京市内三级医院外来就诊患者达3036万人次，外来就医流动人口日均70万。从大城市的层面看，北京的每千人病床数和每千人医生数仅达到20世纪末纽约、巴黎、东京等的水平的一半左右，而上海、广州和深圳的医疗资源水平相对还要更低一些，这表明总体上我国医疗资源与发达国家相比还存在不小的差距。与全国的平均水平相比，深圳每千人病床数低于全国平均水平，上海和深圳的每千人医生数也仅略高于全国平均水平，这表明我国大城市医疗资源供给不足问题比较突出。

表6-6　北上广深的医疗资源国际比较

城市	每千人病床数	每千人医生数
纽约（曼哈顿）	8.9（1997）	7.12（1995）
东京	12.8（2000）	7（2000）
内伦敦	4.1（1990）	3.69（2000）
巴黎	9.6（1995）	7.45（1997）
北京	5.80	4.06
上海	4.73	2.40
广州	5.89	3.11
深圳	2.75	2.39
中国	4.33	2.05

数据来源：国外数据来源于Rodwin and Gusmano，The World Cities Project：Rationale，Organizaiton，and Design for Comparison of Megacity. Journal of Urban Health：Bulletin of the New York Academy of Medicine［J］. No.4 Dec，2002；国外城市的病床数据从总数中提出了护理超过30天的病床数（约占30%）。国内数据整理自各城市2014年统计年鉴，病床数统计的是全部卫生机构病床数，医生数统计的是执业（助理）医师数。

第二，由于长期以来存在三甲医院垄断优质医疗资源、医生国有事业编制身份限制、医生自由执业未放开等问题，我国优质资源过分集中于大城市的大医院（比重高达80%），使优秀医生无法下沉到社区，导致患小病和慢性疾病等可以在基层诊所解决的患者也挤到大医院就诊，因此中国"看病难"问题一定程度上也表现为"看大医院难"或"看好医生难"。以北京为例，2013年医院诊疗人次占比为67%，其中三级医院占比高达45%，社区卫生服务中心占比不足22%，而在三级医院就诊的病人中至少有30%~40%并非疑难杂症；2013年北京市医保统筹基金支出中的65%用于门诊补偿支出，其中只有12%流向了社区医疗机构，88%流向了医院。我国三级医院高速膨胀，形成了对医生、患者和医疗费用的三大"虹吸效应"，加剧了"看病难、看病贵"的问题。反观一些发达国家和地区，其门诊服务多由市场化的私营医疗机构提供，比如英国，独立执业的私立全科医师诊所承担了90%的门急诊，其中90%以上的病例没有进行转诊，由全科医师完成治疗，98%的门诊处方药由全科医生开出。美国、澳大利亚、加拿大、日本以及中国香港和中国台湾地区，这个比重也均超过80%（朱恒鹏，2015）。在医疗资源过度集中于大城市的大医院的情况下，北京出现了医疗资源紧张和浪费并存的现象，主要表现为重点医院挂号难与初级医疗机构利用率低并存、部分医院的住院床位超过100%使用率与一些医院只有70%使用率并存、三级医院超负荷与二级医院等基层医疗机构病人少并存等问题，医疗资源配置效率不高。

第三，由于我国公立主导的医疗体制与市场经济的不兼容，致使民营医疗机构发展受限以及医疗服务价格被人为压低，导致我国医疗资源供给能力的低下。在供求作用下，公立医院只能通过"以药养医"的方式来维持自身运营，这也是导致我国药价虚高从而看病贵的重要原因。数据显示，国内公立医疗机构普遍存在严重的过度用药现象，致使药费比重超过50%，而欧美国家或地区这个比重普遍低于20%，即使像日本和中国台湾地区等比重相对高一些的亚洲国家或地区也不会超过25%。其次，我国的医保制度存在激励过度的现象，国家发改委的数据显示，2009年我国年人均输液8瓶，远高于国际上人均2.5~3.3瓶的平均水平。过度医疗在世界各国也普遍存在。

对公共医疗服务的分析表明，我国的医疗公共服务短缺有相当大的原因是由于国内医改滞后，导致医疗服务供给不足、医疗资源错配等，这是一个医疗体制顶层设计的问题，而不是特大城市的“特例”，把我国看病难、看病贵问题归咎为大城市规模的观点并不足取。

（二）纽伦东巴公共服务短缺问题剖析

英国早在20世纪40年代就已经率先建立了全民免费医疗体制（National Health Service，简称NHS），民中可以基本免费享受从预防到康复、从孕检到临终护理、从头疼感冒的小病到心脏搭桥等大病的各类医疗保健服务。1980年以前英国的医疗服务体系具有明显的计划经济特征，公立医院处于完全垄断地位，导致医疗服务质量不高，医护人员积极性较低，尤其是供给短缺导致的看病等待时间较长的现象严重。在1979年撒切尔夫人领导的保守党执政之后，英国全民免费医疗才开始走向市场化，并走出了一条成功的医改之路。到今天，NHS已成为英国国家形象的代表，是英国值得骄傲的一张名片。

长期以来，美国的社会保险、医疗保险和医疗补助问题都是让历届美国政府官员头痛的问题。美国是世界上惟一没有实现全民医疗保险的发达国家，但即使这样，随着医疗成本的迅速膨胀，推动着美国社会保险、医疗保险和医疗补助支出的快速上涨。自20世纪70年代以来医疗成本的增长率比美国人均国内生产总值高出近3%的水平。随着社会经济环境的变化以及人口老龄化步伐的加快，医药费不断攀升，保险费严重不足，现行医疗制度的不稳定因素增加，医疗保险制度的可持续性成为人们关注的话题。

西方发达国家的医疗体制改革措施包括在公立医院体系中引入“内部市场化”、建立以守门人制度为主的分级诊疗体系、通过合理的制度设计控制医疗费用过快上涨问题等等，通过改善医疗体系的供给效率并改进医疗支付的激励机制，使公共医疗服务的供给能力和服务质量都获得了很大的提升。

（三）纽伦东巴对公共服务短缺的解决方法

第一，努力提高医疗保障体系的可及性。在覆盖对象可及性方面，包括国家保障体系（英国、加拿大、瑞典等）、社会保险模式（德国、日本）、全民强制储蓄保障模式（新加坡）等模式都是全民医保模式，具有较高的可及性。比如新加坡政府构建了以政府津贴、保健储蓄计划、健保双全计划（应对重大疾病）以及一个托底的国家保险基金（针对最底层穷人）等组成的医疗保障体系。即使像以私营保险模式为主的美国，也在朝着全民医疗的方向发展（尽管不排除政治因素），除了过去的老年和残障健康保险、医疗补助和儿童健康保险项目，奥巴马政府的医改法案就提出了要为尚未得到医保的个人和小型企业提供公共医疗保险，把医保覆盖范围从医改前的85%提升到95%。

第二，在公立医院体系中引入“内部市场化”。20 世纪 80 年代开始英国了建立的“内部市场制”，由于在此之前英国公立医院都是政府的预算单位，政府既是医疗服务的购买者又是提供者，导致效率低下。市场化改革的核心是将付费者与服务提供者分开，并同时推进两者的法人化，这些法人化的公立医院必须要从 NHS 的付费者那里竞争更多的付账，因为这些公立医院的日常运营主要依赖于全民免费医疗体系中付费者的支付。与此同时，NHS 有专门的机构主管公立医院的资本投入，其预算需要接受议会质询，为了补充运营资本，公立医院可以自行寻找民间资本甚至民营化，比如 20 世纪末英国发起了“民间融资行动计划”，其中有大量资本投向了公共医疗领域。

第三，建立以守门人制度为主的分级诊疗体系。分级诊疗是指按照疾病的轻、重、缓、急及治疗的难易程度进行分级看病，不同级别的医疗机构承担不同疾病的治疗。比较典型的是英国的 NHS，其医疗服务体系主要由提供专科医疗或住院服务的公立医院和提供初级卫生保健服务的各地全科执业医生组成。其中，社区诊所的全科医生相当于一种“守门人”制度，即每个英国居民都必须预先在一名全科医生处登记注册，其一旦发病时就去找这些医生看病，或者由这位医生介绍去专科医院门诊治疗或住院治疗。这些个体执业或合伙执业的全科医生并不是政府雇员，他们的收入主要来自 NHS 的支付（收入形式为按人头付费加底薪，这些全科医生获得 NHS 近75%的资金），由于民众可以自由选择这些家庭医生，因此可以提升家庭医生之间的竞争，以此改善服务质量。分级诊疗制度不仅能大大提高公共医疗的供给效率，还能使政府腾出更多资源，建设治疗大病和急症的公立医院，并用于基础医疗科研。此外，民众的小病慢性病也能在社区医疗机构就诊，从而减少在大医院较长的排队时间。

第四，通过合理的制度设计控制医疗费用过快上涨。首先，医保机构代表参保者向医疗机构的付费方式是否足够合理，将对医疗服务的“性价比”产生重要影响，因此医保支付制度是控制医疗费用的关键。国外相对成熟的经验表现为，对于普通门诊服务和初级卫生保健的支付采用按人头付费和工资制的方式，对于住院服务则采用按病种付费（DRGs）、总额预付制、按服务天数付费等方式（顾昕，2012）。其中，支付标准的确定是医保机构和医疗机构长期博弈的结果，其中按病种付费是较为重要的改革，目前相对成熟的版本是美国、澳大利亚和德国。通过病人用脚投票的“钱随人走”（money following the patients）模式来推动的拟市场化改革，都能较大程度地减少过度医疗的问题。其次，政府可采取差异化补贴以减轻负担，比如新加坡将医院病房划分为四个等级，独立、配置空调和电视的病房为最高等级的A级病房，级别越低补贴越高，而级别较高的病房可通过较高价格的个性化服务以弥补运营成本。再者，为了控制成本，NHS把更多最优质的资源配置在对健康作用最大的预防保健、健康教育、基本医疗等公共服务领域，从而降低发病概率和医疗费用。

第五，科学配置资源，就诊排队时间分轻重缓急。关于NHS就诊排队时间长的问题，实际上只是针对那些可择期手术的慢性病。

对于急救，不仅不需排队，而且医院会根据病情轻重缓急提供服务，使得在医学上最需要就诊的患者最优先享受服务，这种“排队”与“钱多者先得”相比是更加科学的资源配置方式。数据显示，1998年，NHS等待一例手术有时需要耗时18个星期。自从2000年的改革以来，现在平均的等候时间被缩短到8个星期。在缩短排队时间方面，增加供给是主要的贡献因素。

（四）中国特大城市公共服务短缺的解决思路

虽然2003年“非典”之后，中国拉开了新医改的帷幕，自2009年医改方案全面实施以来，全国参保人群已高达95%以上。然而，由于医疗体制机制仍存在不少障碍，我国“看病难”“看病贵”的问题仍亟待解决。医疗改革是一项国家层面的政策，需要有国家顶层设计的政策支持，笔者认为我国须从以下几个方面进一步推动医改：

（1）推进公立医院改革，坚持公立医院公益性的基本定位。公立医院是我国医疗服务体系的主体，当前我国公立医院的逐利机制有待破除，外部治理和内部管理的水平有待提升。要进一步落实《关于推进县级公立医院综合改革的意见》《关于城市公立医院综合改革试点的指导意见》等文件的工作要求，加快推进城市公立医院的改革，坚持公立医院的公益性质，按照政事分开、管办分开、医药分开、营利性和非营利性分开的要求，坚持保基本、强基层、建机制的基本原则，将公平可及、群众受益作为改革出发点和立足点，落实政府办医责任。

（2）建立分级诊疗体系。要加快建立由自由执业医生个体或合伙开办的私营诊所为主体、受到社区居民普遍认可的门诊社区守门人制度，以此建立竞争性的、有效的分级诊疗制度。因此，要尽快修改《执业医师法》，取消对医生执业的限制，对有执业资格证书医生开办医疗机构应采取备案制。建立以（全科）医生诊所为主体的竞争性社区守门人制度，使其主要承担初级诊疗和大部分公共卫生服务职能，真正做到“首诊在社区，小病在社区”，通过提高医疗服务供给能力和优化资源配置以缓解“看病难”“看病贵”问题。

（3）改革医保付费机制，提高医保使用效率。要充分发挥基本医保的基础性作用，强化医保基金收支预算，建立以按病种付费为主，按人头付费、按服务单元付费等复合型付费方式，逐步减少按项目付费。鼓励推行按疾病诊断相关组（DRGs）付费方式。加快建立各类医疗保险经办机构和定点医疗机构之间公开、平等的谈判协商机制和风险分担机制。充分发挥各类医疗保险对医疗服务行为和费用的调控引导与监督制约作用，为有效控制医疗成本，应逐步将医保对医疗机构服务监管延伸到对医务人员医疗服务行为的监管。

（4）破除大城市人为限制的思维，改变由于规划预期不当而形成的公共服务不足的问题。在大城市人口控制政策的约束下，若地方政府根据低估的人口增速来规划公共服务总量，但人口却在集聚效应的影响下客观上持续迁入，这就可能导致公共服务不足的问题。因此，人口控制的规划思维会加剧公共服务供给端的不足，使城市病恶化。此外，医疗问题是世界性、全国性的难题，并非大城市所特有的，而我国看病难问题更多是由医疗服务供给端不足造成的，并非人口迁移所带来的公共服务需求过高。通过体制机制改革，大力提高公共服务供需的匹配程度才是正确解决之道。

Rethinking China's
Urbanization and Metropolis

·第七章· 中国特大城市的城市形态

Rethinking China´s Urbanization and Metropolis

改革开放以来，随着中国城市化进程的不断推进，大城市和特大城市有了很大发展，城市经济水平和辐射能力不断增强，城市空间范围也在不断扩张，并显示出以通勤联系为重要特征的大都市区形式，出现了类似西方发达国家大都市区的城市空间形态。以空间扩散方式看，主要是集中型密集发展模式和城市沿交通轴线选择有利方向成带状发展的模式。其形成机制也与我国的产业结构、土地使用、行政区划体制、户籍与居住制度密切相关。而我国大城市空间形态所表现出来的分散蔓延等特征又一定程度的损害了大城市经济发展的聚集效应，因此很多学者针对提出了大城市应发展紧凑、有序的多中心空间结构的思想。那么在大都市空间形态变迁和跨行政区治理方面，西方又有哪些先进的经验与历史教训，对我国大都市区发展又有哪些宝贵的借鉴?

第 1 节

大城市的空间组织形态与演化路径

（一） 大都市区化：特大城市的发展趋势

1. 都市区的概念

都市区的概念起源于美国，与一般的城市概念相比较，大都市区是特指城市中那些集聚发展达到一定程度、集聚与扩散双向互动、扩散具有相当规模的城市区域。1910 年，美国人口统计首次采用了都市区（Metropolitan District），引入都市区概念的目的是为了将都市区作为一个统计单元进行人口统计，以此区别城市人口与农村人口。随后几经修改，1990 年至今使用都市统计区（Metropolitan Area，MA）的概念，大都市区泛指所有的大都市统计区（MSA）、基本大都市统计区（PMSA）和综合大都市统计区（CMSA）。规定每个大都市区应有一个人口在 5 万人以上的核心城市化地区，外围县则是与中心县邻接且满足以下条件的县：①从事非农业活动的劳动力至少占全县劳动力总量的75%以上；②人口密度大于50人/平方英里，且每10年的人口增长率都在15%以上；③至少15%非农业劳动力向中心县以内范围通勤或双向通勤率达到20%以上。

1960年，日本为了确定大城市地域，开始采用“都市圈”（Metropolitan Region）概念，这种都市圈规定中心城市（中央指定市）人口规模须在100万人以上，且邻近有50万人以上的城市组成的区域，而周边地区中小城市行政范围内至少有50%的人到中心城市通勤上班，且位置上邻近大城市。1980年日本确定了京滨（东京—横滨—川崎）、京阪神（大阪—京都—神户）、中京（名古屋）等8个大都市圈。此外，欧洲其他国家对都市区也有类似的划分方法，如英国的标准大都市劳动区（SMLA）和大都市经济劳动区（MELA），加拿大的官方统计定义都市普查区（CMA）、德国的就业密集地区等。构建都市圈的意义在于使中心城市与周边地区组成紧密联系的社会经济网络，优势互补，资源共享，实现协调发展。

表7-1　西方国家都市区界定标准比较

国家	中心市		外围县	
	规模（人）	其他	非农劳动力	通勤率
美国 MA	>5万		相对比>75%或 绝对数>1万	单向15% 或双向20%
加拿大 CMA	>10万			>40%
英国 SMLA	>7万	就业岗位>4人/英亩		>15%
		或绝对量>1万人		
日本	>5万	白天人口>夜间人口	>75%	>10%

资料来源：胡序威，等．中国沿海城镇密集地区空间集聚与扩散研究［M］．北京：科学出版社，2000.

从美国、日本等西方国家以及国内学者对大都市区（或都市圈）的定义可发现，尽管彼此之间在界定的标准上存在一定的差别，但概念的核心内涵是一致的，即包括了功能区域的三个重要特征：经济中心、经济腹地以及中心与腹地之间的经济联系（洪世健，2007）。因此，本文将都市区可定义为：以中心城市职能的空间集聚与扩散为条件，以便捷的交通通道为依托，由一个或多个中心城市及与其有紧密社会经济联系的邻接城镇组成，具有一体化倾向的城市功能地域而这一过程可称为大都市区化（Metropolitanization）。对于这一概念，有几点需要说明：

（1）大都市区是现代大城市空间组织的高级形态，是具有影响力的中心城市与郊区城镇之间共同组成的紧密关系的人口密集区，它是在工业化和交通条件改善后出现的一种空间现象。同时，由于大都市区通常需要解决通勤的同城化，因此也具有轨道通勤圈的含义，且现代大都市区的形成过程都有发达轨道交通网络的建成过程（荣朝和，2014）。可以说，大都市区是城市功能上的一种统计单元，构建大都市区的本质在于淡化行政区划，使大都市经济社会走向一体化道路。

（2）都市区的界定包括两方面的内容：一是规定都市区中心市（即城镇化建成区，Urban Area）的人口规模下限；二是对都市区的外围县进行界定。国外对都市区中心城市的人口下限的界定时，通常以本国城市等级划分指标为参照，并根据社会经济条件的变化而适时做出调整。例如，美国最初规定为 20 万，后修订为 5 万。外围县是与中心市有着紧密社会经济联系的区域，国外通常用跨越中心城市和外围县的通勤和就业人数比重进行衡量，比如一般要求外围地区人口到中心城区的通勤率不小 10%。需要指出的是，在不同的社会背景和发展阶段也有不同的表现形式，因此没有在各国普遍适用的指标。

(3) 大都市区从形态上看是一种“点状”形态的大城市地域空间组织形式，而区别于“面状”形态的城市群（Urban Agglomerations）或“带状”形态的大都市带（Megalopolis），后者如英国东南部城市群、欧洲西北部城市群、美国大西洋沿岸及五大湖沿岸大都市带、日本太平洋沿岸大都市带等。其中，“点状”的大都市区是能够客观界定的实体地域，而诸如大都市带、城市连绵区、城市群、都市密集区等“线状”或“面状”等都是模糊的城市空间形态，是无法客观界定的虚体地域（洪世键，2007）。因此，本文主要聚焦于“点状”形态的大都市区（区）的讨论。

此外，鉴于大都市区和都市圈在许多情况下都可以相互通用，为避免概念混淆，本文不再对都市圈和大都市区进行明确区分。

2. 大都市区化是城市发展的必然结果

大都市区是城市地域空间形态演化的高级形式，大都市区化是城市化发展到一定程度的必然结果（弗里德曼，1995）。西方发达国家都经历了大都市区化的过程。

第二次世界大战以后，世界城市化进程大大加速，城市化水平迅速提高，大城市数量急剧增加，大城市人口占世界城市人口及总人口的比例不断上升，也为大都市区的发展奠定了基础。数据显示，1900 年，全世界百万人口的特大都市仅为 13 个，1950 年增为 71 个，1960 年达到 114 个，1980 年达到 222 个，2000 年达到 408 个。其中，进入 20 世纪 20 年代以后，美国的城市人口超过了农村人口，由于交通革命、梯式辐射的城市体系以及对优良环境的追求，大城市人口逐渐向郊区迁移并形成功能完备的城市郊区。由此，美国开始进入大都市区化的发展阶段。其中，大都市区的数量从1920年的58个增加到2000年的317个，大都市区人口占美国人口的80.3%；百万人口以上的大都市区数量由6个增加到47个，人口也已占美国总人口的57.5%以上。欧洲的英、法、德等国，在其城市化发展中也出现了大都市区化的现象。大伦敦地区、大巴黎地区等都是世界上历史最为悠久的大都市区。日本的工业化、城市化进程也具有明显的以大都市区发展为主导的特征。在重工业化时期，日本的制造业高度集中在东京、大阪、名古屋、福冈四个大都市区，1960年，占国土面积12%的四大都市区更是占了工业总产值的70%，直至今日，日本近八成的国内生产总值仍然集中在四大都市区。本文认为大都市区更适合作为讨论特大城市空间结构的基本单元，下表中的大都市圈是比较介于大都市区与城市群的一种形态。

表7-2　国际城市的大都市区空间发展模式

城市	都市区域	大概情况
纽约	纽约市（New York City）	由曼哈顿区、布朗克斯区、布鲁克林区、皇后区和斯塔滕岛等5个行政区组成，面积为790平方千米，2014年人口为849.1万人，人口密度达10748.1万人/平方千米
	纽约大都市区（NY-NJ-PA MSA）	由纽约州、新泽西州、宾夕法尼亚州的23个县和上百个城镇组成，面积1.74万平方公里，人口1956万（2010年）
	纽约大都市圈（NY-NJ-CT-PA CMSA）	由纽约州、康涅狄格州和新泽西州的31个县组成，面积达30671平方千米，人口2360万人（2013年），约占美国总人口的1/15

续表

城市	都市区域	大概情况
东京	东京都	东京都辖23个特别区、26个市、5个町和8个村，总面积约2188平方千米，人口1316万
	东京圈（东京大都市区）	包括一都三县，即东京都、崎玉县、千叶县、神奈川县，大致是以东京市区为中心，半径50千米~70千米的范围，面积13553平方千米，人口为3712万人
	首都圈	包括1都7县，圈域面积36884平方千米，占日本国土总面积的9.8%。首都圈总人口4354万人（2013年），占全国人口的34.2%
巴黎	巴黎市	面积105平方千米，人口220万（2009年）
	巴黎大都市区	巴黎市和周边的近郊3省合并成为巴黎大都市区，面积约762平方千米，人口约660万
	巴黎大区	即"法兰西岛"区域（Ile - de - France Region）：由巴黎大都市区与周边4省组成，面积约1.2万平方千米，人口约1100万
伦敦	伦敦市（City of London）	面积1.2平方千米，常驻人口8000人左右，但每天有30多万人在伦敦金融城上班；
	大伦敦地区（GreaterLondon）	是英格兰下属的一级行政区划之一，包括伦敦城与32个自治市，面积1579平方千米，人口超过817万（2011年）
	大伦敦都市圈	大伦敦都市圈总面积约4.5万平方千米，人口3650万，聚集了英国60%的城市人口，以伦敦到利物浦为轴线，包括了伦敦、伯明翰、谢菲尔德、曼彻斯特、利物浦等数个大城市和众多中小城镇

注：①资料整理自各城市官方网站及维基百科；②大都市区一般以中心城市周边70km内的范围为宜（赵坚，2014），比如美国和日本的大都市区。而伦敦和巴黎等城市由于国土边界的限制和国土面积较小，因此大都市区的辐射范围将会相应小一些。

专栏：大都市区的空间演化过程

借鉴弗里德曼的城市化理论，大都市区的空间演化过程可以归纳为以下三个阶段：

（1）以集聚为主的城市化阶段，在极化效应的作用下，人口与产业不断向城市聚集，形成了人口、产业、资本、技术高速集聚的大城市，城市规模迅速扩张。在西方资本主义国家，这一阶段大约开始于本世纪初，到1930年代，大城市人口增长达到高潮。

（2）集聚与扩散并行的大都市区形成阶段。在这一阶段，由于大都市中心区用地紧张、环境恶化，城市用地开始向用地潜力大的郊区扩展，在郊区出现新的居住区、工业区和购物中心，进入郊区化阶段。随着部分产业和人口的外迁，城市中心区职能的升级和转换，控制和管理功能进一步向中心区集中。这样由中心城市与其有着紧密联系的郊区共同构成大都市区。

（3）以扩散为主的大都市区发展阶段。随着经济全球化、信息化的发展，大都市区产业结构和空间结构出现新的变化和重组，城市空间扩展与人口分散的趋势日益加强，进入后郊区化或新郊区化时期，在郊区出现新的区域中心——边缘城市，大都市区空间向多中心网络式结构发展。

大都市区化往往伴随着郊区城市化的过程。发达国家的郊区城市化主要表现在，包括：①住宅建设郊区化。大都市郊区由于有方便的公路和大运量轨道交通以及优美的自然环境，随着中心城市人口密度的提高和居住环境的恶化，高收入人群和中产阶级家庭会倾向于选择这类地区作为居住地。②商业和办公机构外迁。由于住宅区的外迁，促进了郊区商业中心的兴起，同时，由于市中心区地价快速上涨，传统CBD中的部分面向后台的基础性商务功能相继外迁，20世纪90年代至今，美国90%的新建写字楼均位于郊区（Kikuchi，2010）。③工业向郊区迁移。由于中心城市空间的限制和交通条件的大力发展，工业开始向郊区转移，中心城市的工业逐渐衰落。④新城建设。20 世纪 40 年代以来，为缓解中心城市的人口和就业压力，欧美日等发达国家在大城市郊区规划建设卫星城或综合性新城，已吸纳中心城市外迁的人口和就业。

与此同时，中心 CBD 的产业持续升级，高端现代服务业进一步向城市中心集聚，需要“Face - to - Face”交流的“管理决策、信息咨询、金融法律”等功能在中心商务区重组，形成新的市中心总部经济区，并发展起出版印刷、服装、珠宝、化妆品及精密仪器制造等都市型工业，中心城市的功能也转变为金融中心、信息中心和管理中心。生产者服务业之所以在特大城市的中心区域高度集中，是因为他们要求以各种各样的资源为基础，需要信息的集中化，以及较容易接近大型厂商公司总部的聚集地。而在全球化和信息化不断发展的大背景下，生产过程的国际化促使位于经济活动“价值链”顶端的管理和控制层面的功能向具有全球影响力的世界城市集聚，以纽约、伦敦、东京等国际城市为代表构建的全球城市——区域已成为参与全球化竞争的核心单元。大都市区已成为各国经济生活、资本形成和国际竞争的主要空间尺度与结构。

表 7-3　大都市区的中心与外围的产业布局

大都市区	中心市	外围地区
功能布局	金融中心、信息中心、管理中心、居住	居住、就业、办公
产业布局	金融保险、创意设计、房地产、商务服务、信息服务、都市工业（出版印刷、服装、珠宝、化妆品）、文化艺术、精密仪器制造等	高新技术产业、物流、旅游休闲、食品、轻纺、机械制造等

（二）大都市区空间模式的演变趋势

1. 大城市的空间扩张方式

（1）圈层扩散方式。圈层扩散是一种城市处于相对自发状态下以空间分散化扩张为主而形成的结果，其没有明确的主导方向，城市空间往往呈现圈层外扩与蔓延的态势，依托中心向外辐射，形成由中心向外围连绵扩张的空间形态，因此也被称为“摊大饼式”。由于城市具有较强的聚合性，在缺乏控制和外部拉动的情况下，圈层扩散往往成为主要的扩散形式。城市由小到大、由内及外不断膨胀，容易造成城市结构的混乱，最终可能不利于城市的长远合理发展。工业化初期，受运输工具及交通条件受到限制，这一时期城市往往是以高密度、集中式、“摊大饼式”的圈层扩散方式为主。

（2）轴向扩展方式。轴向扩展主要是利用交通干线两侧潜在的经济性促进城市沿交通线发展。轴向扩展是大城市摆脱圈层扩散和增强区域联系的重要手段。与圈层扩散相比，轴向发展更适应大城市的快速扩展。利用现代化的交通手段，尤其是大运量公共交通，如地铁、轻轨等交通工具来促进城市轴向扩展，不仅有利于缓解由于人口密集和交通拥挤的矛盾，而且可以利用交通走廊建设新区，保证城市定向、集中发展，避免城市蔓延式扩展。此外，通过加强对伸展轴之间的农田、森林和绿地的保护，可以形成城市开放的空间结构，有效改善城市生态环境，为居民提供绿色空间和游憩场所。巴黎于20世纪70年代沿塞纳河两岸15～30英里的地方平行构建了南北两条发展轴线，其中北部轴线长74.6公里，南部轴线长89.6公里，在这两条发展轴线内建设5个卫星城，用以引导城市发展，以此分散城市中心区的人口和功能。

(3) 新城建设方式。当城市发展规模达到一定程度时，连续扩展往往会由于地理环境和其他因素而难以进行，城市用地便会在与中心城区相聚一定距离的地点跳跃式发展，通常是有计划地在中心城市周边建设卫星城或功能新城。新城模式是“田园城市”“有机疏散”“反磁力中心”等构想的具体化实践，其旨在打破城市“摊大饼”的问题，疏解城市功能，形成理想的城市结构。在世界范围内几乎所有的大城市地区都有新城规划和建设的实践，已成为主导大城市地区规划的共识和最重要的发展模式。比如，英国从20世纪20年代就开始探索在大城市周围建立综合功能的小城镇，由于产业发展与居住不协调，往往形成以居住为主的“卧城”，目前伦敦的第四代卫星城为多中心敞开式城市结构，用高速交通线把卫星城和主城联系起来，主城的功能扩散到卫星城中去。

表7-4　英国卫星城的发展演变

名称	人口规模（万人）	与母城距离（公里）	卫星城功能	与母城交通连接方式	与其他城市联系
第一代卫星城卧城	6	10	居住、生活	公交车、私人汽车	基本没有
第二代卫星城辅城	8~10	20	居住、生活、部分就业	公交车、私人汽车、地铁	很弱
第三代卫星城新城	25~40	60~80	居住、就业、服务	公交车、私人汽车、地铁、高速公路	一般
第四代卫星城带城	40~100	80~100	综合多功能	公交车、私人汽车、地铁、高速公路、铁路	紧密

国外的经验表明，新城发展经历了从强调疏解到确立新增长地区、平衡地区增长转变的过程，新城功能从关注功能性、综合性到大都市地区多中心、非均质发展的转变，与区域结构调整结合是大

都市地区新城建设的重要趋势。此外，建设相对独立、自我平衡的新城作为一种理想，很少有成功的经验，尤其是规模相对较小的新城，由于缺少吸引力，往往难以起到疏解人口的作用。

（4）低密度连续蔓延方式。低密度连续蔓延（亦称城市蔓延，Urban Sprawl）是低密度、外延式的扩张，包括低密度的居住用地和工业用地等的开发，“圈地运动”所导致的土地长期闲置和低效利用。这种扩张方式往往会造成城市建设用地大量侵占城市外围耕地、绿地和开敞空间。在西方国家，随着人口与财富不断向大城市集中，特别是从20世纪50—60年代以来，随着小汽车与高速公路的发展，城市用地开始出现向外围郊区剧烈扩张，城乡分界日渐模糊，城市地域呈连片发展趋势，出现了所谓的“城市蔓延”。西方国家提出了“新城市主义”（New Urbanism）、“精明增长”（Smart Growth）、“紧凑城市”（Compact City）等理念和治理对策来应对城市蔓延。

国外大都市区的经验表明，城市空间扩展是城市功能疏散在空间上的一个重要体现，在向心力和离心力的自然作用下以及交通条件限制下，大城市功能向外围疏散的过程中容易形成圈层无序蔓延的现象，有必要加以合理的规划和引导。其中一个重要经验是，要注意协调中心城市和外围地区的发展，通过发展大容量的轨道交通，在城市交通轴沿线发展产城融合的综合新城，并在中心城区和新城之间保持足够的绿色开敞空间，形成良好的生活居住环境，从而实现城市空间的跨越，优化大城市区域的整体空间结构。

2. 大都市区空间组织形态：由单中心向多中心、网络化演变

20世纪初期，在汽车出现之前，“单中心”城市一直是主要的城市形态。随着汽车的普及和公路大规模的建设，郊区城市化成为

西方发达国家城市化的一大趋势。随着这些郊区次中心功能的完善及高度专业化，它们逐渐成为了新的居住中心和就业中心。这些郊区次中心也被称为“边缘城市”“新城运动”或“城乡融合体”。郊区次中心的发展使得传统的“中心—边缘”城市空间结构趋于淡化，单中心聚焦的空间发展模式不再适应城市发展的需要。从20世纪80年代开始，随着全球化浪潮席卷全球、信息通信技术发展以及生产性服务业的快速崛起，传统中心城市的作用被一种多中心的模式所取代，它最初是在大都市区周围建设若干卫星城镇，后来发展为建设新城新区，借助于网络型高速路网和发散式轨道交通，大都市区空间结构开始由单中心向多中心、网络化的空间结构转变。

多中心空间结构是指：在交通模式一定的情况之下，单中心城市会随着交通拥挤的增加和通勤费用的提升，迫使居民和企业搬出原有的市中心，同时远离城市中心的部分条件较好的地区逐渐发展，从而形成越来越多的副中心，共同构成多中心的城市空间结构（Henderson等，1970）。这种多中心体系在空间组织体现为，由传统的、等级性的中心地模式逐步向多中心、网络化模式的转变，其不仅包括传统的综合性的城市中心、生活性中心，也包括专业化中心或地区，这种中心体系具有多层次、网络化、开放性的结构关系。Coronel J. 等诸多学者认为，多中心城市布局的设想基本上是根据城市迅速发展和扩大的要求由人们采取的主观规划措施。

周春山（2007）将多中心结构总结为边缘式副中心、市郊型副中心、片区综合中心、城市外围新城、“无主中心”的多中心。多中心模式的尺度还包括市区多中心、大都市区多中心和城市群多中心，本文主要关注的是大都市区尺度的多中心模式。国际大都市发展经验表明，诸如伦敦、巴黎、东京等世界城市都经历了由单中心扩张向多中心、网络化发展模式的转变（李国平，2004）。尽管世界城市大都市区内的中心城市仍然具有较大的影响力（如伦敦和巴黎），但多中心模式下的城市等级差异显然要比过去的中心地模式淡化了许多，出现了大都市区的功能多中心，大都市区内主副中心的关系也逐渐变成一种综合性与专业化相结合、相辅相成的关系。

表 7－5　大都市多中心结构的类型

类型	特点	案例	范围
片区综合中心	在大城市中心区周围以片区形式分散市中心区人口和功能的多中心布局模式	莫斯科	市区多中心
边缘式副中心	建在大城市中心区边缘，具有分化中心区功能的新城，一般适用于国土面积较小，空间发展受限的大城市	日本东京	大都市区（区）多中心
市郊型副中心	在大城市的郊外地区建立综合性功能较强的新城	巴黎的拉·德方斯	
城市外围新城	在城市外围地区选择合适的地点建立新城，起到与传统城市中心抗衡的作用	巴黎都市区、伦敦	
“无主中心”的多中心	由多个城市集聚而成的城市群或，城市群中有多个区域性的主中心，分别承担不同的功能，无主次之分	荷兰的兰斯塔德	城市群多中心

专栏：东京圈的“多核城市结构”

为解决东京 CBD 地区功能过分集中而造成的许多大城市问题，规划者们从 20 世纪 70 年代开始提出了“多极城市结构”的概念。这个理念首先是以推动山手线副中心（如新宿、涉谷和池袋等）发展的形式出现；之后在 20 世纪 60 年代转变为鼓励远离都市核心的卫星城市的发展；从 20 世纪 70 年代初起，在整个都市地区促进大量的、多样的副中心和卫星城的发展，既包括山手线副中心和多摩核城市，还包括大宫—浦和、川崎—横滨、千叶业务核城市，以及各种各样的新城和已存在的主要城市。东京“多中心”模式不仅减少对中心城区基础设施的压力，也通过在中心城区之外创造新的就业中心来缩短了通勤距离。东京“多中心”模式是以发达的公共大众交通为基础，城市副中心和业务核城市既是市民的集中居住地，又是特定产业和技术创新的集聚区，同时还是分散首都功能的大都市功能区。

专栏：荷兰兰斯塔德城市群的均衡型多中心

兰斯塔德地区（Randstad）是荷兰的中心区域，它是指围绕“绿心”（指三个省环绕的区域中的农业用地和绿地，兼有游憩和缓冲的功能）的一系列城市。区域内主要由荷兰前四大城市的阿姆斯特丹、鹿特丹、海牙、乌德勒支等中心城市组成。其中，阿姆斯特丹是荷兰的首都也是荷兰最大的城市，主要承担金融贸易、旅游和文化艺术中心等职能；鹿特丹是荷兰第二大城市，拥有世界最大的港口，是国际航运枢纽和国际贸易中心；海牙是全国的政治中心，具有“皇家之都”的称号；乌德勒支是荷兰重要的交通枢纽城市和全国性会议中心。兰斯塔德地区有发达的基础设施和管理协调网络密切互动，有明确的专业化分工，已成为既独立又彼此关联的有机整体，塑造了多中心、网络化城市群的典范。

第2节

我国特大城市空间形态的发展趋势

（一）我国特大城市进入大都市区化发展阶段

1. 大都市区化是我国特大城市发展的新阶段

改革开放以来，随着我国城市化的不断推进，我国大城市和特大城市有了很大的发展，城市经济水平和辐射能力不断增强，城市空间范围也在不断扩张，并显示出以通勤联系为重要特征的大都市区形式，出现了类似西方发达国家大都市区的城市空间形态。比如，目前每天有数十万居住在河北燕郊、江苏昆山的居民到北京和上海上班。回顾发达国家的经验，比如东京大都市区（一都三县）通勤圈内3500万人口日均轨道交通发送量达4074万人次，其中一半以上来自东京都以外50~70公里半径的范围。今后我国也会有大约一半人口会集聚到那些与大城市核心市区有着密切社会经济联系，且有一体化倾向的多向串状卫星城地区，即由传统蔓延式的大城市通过轨道通勤体系转型而成的大都市区。事实上，我国目前已具备推进大都市区化的基础条件，包括新型工业化、城市郊区化以及基础设施的不断完善均为大都市区化提供了重要的动力和基础（毛广雄，2009）。

相关研究及实践均表明，都市区化是我国大城市发展的新阶段。根据高丰和宁越敏（2007）的研究，2000 年时中国符合定义的大都市区共有 112 个，约占全国设区城市数的 43%，总人口为 1.95 亿，占当时全国总人口的 15.8%，其中，人口规模超过 500 万、200 万~500 万、100 万~200 万、50 万~100 万等四类大都市区的数量分别为 8、18、28、58 个。在城市规划界，南京市城市总体规划（1991—2010 年）首次引入都市圈概念。江苏省城镇体系规划（1998—2020 年）使用了都市圈的概念，提出在全省建设南京、苏锡常、徐州 3 大都市圈的设想。Leman（2005）基于县级数据的研究发现，中国有 53 个大都市区，它们以非农人口超过 100 万的城市为中心，包括了一部分邻近的市（县）。需要指出的是，当前国内对于都市区的界定仍然没有统一的标准，因此由官方和学界共同研究并提出大都市区的界定标准将是当前一项亟待解决的任务。

从我国大都市区的空间扩散方式来看，主要包括两种，一种是集中型密集发展模式，又称为城市连片集中“摊烧饼”的发展模式；另一种是城市沿交通轴线选择有利方向成带状发展的模式（姚士谋，2001）。中国大都市增长的空间过程主要形式在于城市蔓延、郊区城市化和卫星城的建设，大都市空间增长形态具有从同心圆圈层式扩展形态向分散组团形态、轴向发展形态乃至最后形成带状增长形态的发展规律（顾朝林等，1994）。

而从我国大都市区化的形成机制看，其主要体现在以下几个方面：

（1）产业结构的调整。伴随我国大城市产业结构的调整经历了“退二进三”的过程，工业企业纷纷向外疏散，吸纳了新的工业项目和从老城区搬迁出来的工业企业，在大城市周边出现一些新兴城镇，形成新的人口和产业集聚现象，并显示出以通勤联系为重要特征的大都市区形式。

（2）城市土地使用、户籍管理和住房制度改革。改革开放后，由于户籍管理制度的改革，大量农村剩余劳动力纷纷涌向城市，为城市提供了充足的劳动力，极大地促进了城市社会的经济发展，为城市化和都市区化提供了重要条件。而随后进行的土地有偿使用制度改革和住房制度改革，则打开了土地开发使用和城市房地产业的闸门，使土地的城市化进程得以快速推进。

（3）开发区的建设。特别是20世纪90年代以后，在扩大开放加快改革的政治背景下，从沿海到内陆城市都掀起了开发区建设的热潮。城市开发区大部分是以一个崭新的城市组团的形式而出现的，同时也带动了整个城市的基础设施改造，公共设施建设、老工业区改造和新工业区开发，对我国城市空间演变产生了巨大而深远的影响（谢守红，2003）。

（4）行政区划体制的调整。20世纪80年实行的市管县体制给予地级市及以上级别城市更多的动机和手段，为直接促进中心城市的发展提供了制度途径。而1997年以后各中心城市为适应都市区化进程、改善都市区治理结构而采取的撤县（市）设区、区界重组等区划调整手段，则真正开启了中国城镇化进程的都市区化阶段（罗震东，2007）。

2. 大都市区化符合我国的发展利益

（1）我国是一个典型的人口多、耕地少的国家，充分利用大都市区的集聚效应和一体化效应，引领带动我国经济社会发展水平的提高，是符合我国的战略需要和长远利益的。已有经验表明，在大都市区和大都市连绵区，由于经济活动更为集聚和一体化，有利于加速信息的传播，推动科技的发明，增加产业门类和产品数量，因此十分有利于产业群的发展；而且，与非大都市区相比，大都市区拥有更大的商品和服务市场，更专业化的劳动力，更全面而复杂的交通和电信网络。陶松龄（2014）指出，与国际上很多国家的普遍现象相比，我国大城市实际的人口比例相对偏低，100 万人及以上规模城市的人口占全部城市人口的比重不仅低于欧美国家的水平，也低于发展中国家一般的比重，这意味着我国大城市仍处于集聚发展时期，通过发展大都市区更符合我国的战略利益。

（2）大都市区化长期以来，我国城镇规划中采取了严格控制大城市的政策，希望通过限制大城市规模（比如通过户籍政策）而达到疏散城市功能的目的，这种做法可能因阻碍了中心城市的集聚效应的发挥而不利于我国城镇化战略的实施。比如，《国家新型城镇化规划（2014—2020 年）》中仍提出“严格控制 500 万以上人口的特大城市人口规模”。但大城市发展规模是难以有效控制的，关键在于对其发展进行合理引导。比如，日本政府就曾试图提出为数众多的方案和措施，减缓人口向大都市区的进一步集中，重新规范这些大都市区的空间分布，但人口向大都市区集中的趋势有增无减。后来，日本在都市圈的框架下，通过发展副中心和卫星城的“多中心”发展模式，有效疏解了东京都心的功能（注意，不是限制都心的规模）。因此，不能以特大城市主城区压力过大为借口排斥整个大都市区的人口增长，更合理的做法应当是顺应大都市区化发展趋势的要求，突破行政边界的限制，调整都市化区域策略，通过有效的空间规划和交通规划手段，推动一批特大和超大城市转型为经济高效、竞争力强、方便宜居、治理有方、生态良好、环境可持续的大都市区，从而更好地实施新型城镇化战略。

（3）我国在城市化推进的过程中还明显出现了由传统大城市向现代大都市区转化的尺度缺环，制定大都市区发展政策是完善我国城镇规划的必然选择。《国家新型城镇化规划（2014—2020年）提出，需要通过加快发展中小城市、有重点地发展小城镇并以城市群为主体形态，来化解特大城市规模过大的问题。问题在于，没有明确的大都市区的发展政策，而直接从大城市跨越到城市群形态，以为只要解决好城市群的问题，相关大城市的问题就可以自动解决，这种思路恐怕难以奏效。为此，我国应尽快建立大都市区的界定标准并启动相关的大都市区规划。建立大都市区概念并启动相关的大都市区规划，可以打破目前我国以行政区划为主导的经济社会规划，促使我国的空间经济真正走向“大都市区经济”，并最终实现大都市区向城市群空间形态的顺利转换。

此外，大都市区化要求突破我国旧有的行政区划限制，将有利于形成我国跨行政边界的城市化发展思路和治理结构。我国是以行政区划为基础划分小、中、大、特大、超大城市人口规模等级，并以此作为是否限制发展的依据，但在大都市区化阶段，城市化已经在跨越原有城市行政边界的尺度上扩展，相应人口、土地、环境、经济活动以及竞争力都在新的时空层次进行重构。仍旧恪守原有行政区划的概念显然已无法适应要求。比如，仍旧过于强调市域边界的作用、仍主要以行政市域作为资源配置和公共管理的基本尺度，就一定会造成低效率，并阻碍诸多都市化区域应有的发展。大都市区化的发展战略将形成我国跨行政边界的城市化发展思路和治理结构。

（二）我国特大城市空间形态的发展趋势

1. 我国特大城市空间扩张的圈层蔓延问题

当前我国大城市的大都市区化出现城市蔓延的问题。由于过去三十年的市场化改革，其生产要素的流动性有了显著提高，中国的很多大都市区开始出现未被引导的郊区化，大都市区由此得到迅猛扩张，其结果是农业用地的消耗越来越大，城市不断扩张，导致土地使用、土地市场、商品运输和公共交通缺乏效率，所有这些因素都损害了大城市经济发展的集聚效益（Leman，2005）。2006 年陆大道院士就曾指出，近年来我国城镇化的空间失控现象极为明显，形成了分散和蔓延式的扩张，如果不能有效遏制此态势，势必严重阻碍我国的整个现代化进程。王家庭等（2013）对 1999—2008 年我国 35 个大中城市蔓延现象进行了测度，结果发现我国大多数城市表现出了蔓延现象，城市空间结构具有明显的低密度扩张趋势。

通过总结可发现，我国城市蔓延的特征主要体现在：①我国多数大城市均表现出或多或少的城市蔓延现象；②城市蔓延的多方式并存，既有“摊大饼”式的外延扩张，也有“蛙跳式”扩张和沿交通干线的轴向扩张；③强中心与蔓延并行，在城市中心性不断增强的同时，城市蔓延也在向郊区扩展；④土地利用呈现低密度、均质、缺乏连续性、占用大量耕地等特征（饶传坤等，2011）。不过，陶松龄（2014）指出，我国城市并非完全是低密度扩张，扩张结构也并非完全是以居住为主导的郊区化蔓延，但面临着高密度、大规模增长需求下的扩张失控的风险。

表 7－6　我国部分特大城市蔓延的特点

城市	蔓延特点
北京	北京市是我国城市蔓延问题突出的典型区域，城市土地利用规模“超常膨胀”，以同心圆式蔓延、局部扇面式扩展、廊道式辐射、飞地式增长和粘合式填充等方式扩展，逐步形成“摊大饼”外延发展的局面（蒋芳等［22］）
广州	人口和建筑由中心区的高密度向外围地区的中、低密度圈层式蔓延，空间紧凑度减少，城市呈明显的外延发展状态，土地混合利用程度弱，土地利用的连续性差，可进入性及步行可达性低（苏建忠等，）
南京	城市东、南、西、北几个方向几乎轮番扮演过了城市开发“重点”区域的角色，结果导致除主城区旧城改造相对集中成功进行时，外围建设区四面出击、发展资源极度分散，各个片区都成为了“半生不熟”的地区（杨红平，2007）
杭州	中心区人口出现负增长，建成区面积迅速扩大，超过非农人口的增长速度，沿交通干线的轴向无序扩展和“蛙跳式”用地扩展并存，耕地面积大量减少且破碎化趋势明显（刘卫东［25］、冯科［28］）
成都	成都的蔓延主要表现为土地资源的大量消耗和人口的分散，尤其是最近的城乡统筹占用的大量土地与大量的外地劳动力的涌入（张晓东，2010）

已有研究指出，我国大城市的城市蔓延主要与我国以“GDP”增长为导向、以外延式扩展为主以及以道路扩张为引导的空间扩展方式和城市控制引导手段缺失等有关（马强等，2004）。第一，“GDP 崇拜”的评价标准使得追求经济总量增长成为各级政府的最大目标，因而通过许多优惠政策扩大土地供给以吸引资本落户。GDP 增长导向是目前我国城市建设用地增长过快的根本原因。第二，

以外延式扩展为主的城市空间增长表现为高速的、粗放的、外延式的土地利用模式，主要表现是以各类“开发区”建设为主的郊区非建设用地转变为建设用地，1999年下半年开始国内又刮起一股建设大学城的旋风。这种“圈地风暴”使得当前城市圈占土地的规模失控。第三，道路为先导引发的城市空间扩展。小汽车产业的快速发展引起了需求压力，而通过增加道路设施的供给量仍然是我国城市引导城市空间增长的首选策略。但小汽车与大规模道路设施的建设共同影响恰恰是导致城市蔓延的主要原因。

显然，“摊大饼”式的城市蔓延方式不利于我国特大城市的大都市区化。尽管城市蔓延带动了城市基础设施的建设，但是这种无序、“摊大饼”式的外延扩张会造成社会分化加剧、耕地锐减、绿地被侵、加重交通压力等问题，不利于中心城市功能的有效疏解，最终可能导致降低大都市区经济社会空间的一体化程度，削弱大都市区的活力和竞争力。因此，有必要积极利用“精明增长”、“紧凑城市”等理念，促使城市由外延式扩张转变为“内涵式”增长，以“分散化的集中”模式、TOD模式等来优化我国特大城市的空间布局和多中心大都市区的形成。

专栏：北京的同心圆圈层空间扩张

北京是一个典型的同心圆圈层扩散的城市。历史上的背景即形成了以紫荆城为核心的格局，长期以来始终难以摆脱单中心的城市结构与圈层扩张形态羁绊，古城保护与城市结构改造的矛盾十分突出，环形放射的路网形态加剧了均值扩散的趋势（陶松龄等，2014）。北京市的土地投放受中心区位价值的影响且呈现出圈层蔓延态势，城市新增功能形成围绕城市原有核心功能区向外蔓延，同心圆的结构形态不断强化。2004 年《北京城市总体规划》实施后，北京开始沿交通走廊向中心城市外围疏散功能，同心圆结构形态一定程度上有向“同心圆结构 + 轴向拓展”转变的趋势（张学勇等，2014）。

2. 我国特大城市应发展紧凑、有序的多中心空间结构

从单中心城市到多核心的城市区域，是世界特大城市空间结构形态演化的客观规律。在中国特大城市的空间规划中，多中心也开始受到了城市规划部门的重视，北京、上海、广州、南京等城市的空间发展战略都明确提出了多中心的空间结构目标。比如，2004 年《北京市城市总体规划》鲜明的提出“两轴、两带、多中心”的总体空间结构，2001 年《上海城市总体规划》也提出了“多轴、多核、多心”的大都市区布局方案，广州《广州城市总体规划（2011—2020 年）》提出“形成一个都会区、两个新城区、三个副中心”的多中心网络型城市空间结构”。

不过，韦亚平等（2006）认为当前我国都市区的空间结构基本上呈现“极不均衡式的多中心结构”，即居住人口的空间分布更多是中心城区边缘扩张，表现为一个平摊的过程，且多中心拓展主要表现为产业空间（开发区）的外围增量拓展。考虑到中国人口众多和土地资源有限的国情，借鉴紧凑城市（Compact City）的理念，中国的都市区空间应构筑舒展有序而又紧凑的多中心网络结构。这意味着：

（1）这种结构除了原有的 CBD 核心区外，还在外围存在若干个

专业化的服务中心（SCBD）。其中，金融、商务等高端生产性服务业布局在原有的中心城区，主要的外围产业区与老中心城之间形成城市轴带，并且，在其中培育起若干次级商业中心与生产性服务中心（为特定的产业区服务）。

（2）居住人口在都市区空间中成多中心分布，并且与产业空间的布局相匹配。中心城区外围的城市组团可以吸纳因产业空间拓展而带来的城市人口增长，甚至接纳中心城区疏散出来的人口。通过多中心的成长，降低保护敞开空间的难度。

（3）空间结构舒展有序，形成多个紧凑发展的综合组团，人口密度分布的代表性剖面将具有较平缓的梯度。可降低外来务工人员及低收入群体在中心城区边缘的集聚度，并使城乡混杂区低品质物业的市场价值得到回归，通过再开发提高土地利用效率。

（4）采用“公交导向发展”（TOD）策略。靠近公共交通节点形成集中开发，并通过发展公共交通工具来有效控制私人小汽车的增长。这种开发模式要求建设大容量的快速交通，连接起众多次中心和CBD，尽可能使通勤时间控制在合理的范围内，促使我国特大城市向轨道通勤体系为核心的大都市区的空间形态转变。

专栏：北上广深的空间发展趋势

1. 北京大都市区

随着北京市进入了大都市区化的发展阶段，城市与区域之间的关系将从以往郊区对城区的依附转变为城区与郊区的相互依存，原有封闭内向的空间结构体系向构建面向区域开放的功能结构体系转变。根据日本东京圈的发展经验，北京大都市区的范围可以北京中心城区向外50千米范围内的地域。这将跨越北京的行政边界，把河北省的燕郊、廊坊、固安、涿州等边缘城镇纳入北京大都市区的发展辐射区域。实际上，北京现在已有不少跨省上班族，比如河北燕郊每天有近30万人到北京上班，这是通勤圈意义上的北京大都市区重要体现。

从功能结构看，北京大都市区的范围将可以划定两个发展区。其中，北京市中心城区向外30千米辐射圈范围内传统城镇空间结构发展区，北京市中心城区向外50千米辐射圈范围内为区域功能体系协调发展区。两个发展区将在区域性交通干道（如京石高速、京九高速、京津高速、京沈高速）以及轨道交通（如市内地跌，市郊铁路）的支撑下实现了传统单城封闭的圈层扩散的空间形态进一步沿交通走廊向轴向拓展，中心城呈现成簇发展，向区域延伸呈现成轴发展的态势，建立首都地区“中心城+新城+跨界区域协调发展区”的空间结构体系，并最终推动北京实现大都市区概念下的“两轴+两带+多中心”城市空间布局。

2. 上海大都市区

上海目前正处于大都市区化阶段，根据上海的空间发展趋势，上海大都市区的空间范围除了目前的黄浦、徐汇、长宁、静安、普陀、闸北、虹口、杨浦、闵行、宝山、嘉定、浦东新区、金山、松江、青浦、奉贤16个市辖区和崇明县之外，还应当包括江苏省的昆山、太仓和嘉善，后两者均在上海中心市的大约50千米辐射范围内，可作为上海大都市区的两座远郊新城。事实上，未来上海大都市区空间布局结构将可能实现“多圈、多级、多核、多轴”的目标。

其中，“多圈”是把上海市域分为中心城区（浦东浦西内环区域）、通勤区（30千米以内）、远郊区（30~50千米）三个圈层。“多级”是把上海城镇体系分为中心城区、新城、新镇（新市镇）、一般集镇四个层次，形成以中心区为核心，以轨道交通、公路、郊区铁路等为依托，各级城镇辐射范围合理、空间分布均衡的多层次的空间分布格局。“多核”主要是中心城区内部的CBD、副中心、区中心等构成的节点体系。“多轴”是由沪宁发展轴、沪青平发展轴、沪杭发展轴、沪杭（杭州湾）发展轴、沪（海）港发展轴以及沪崇苏发展轴的形成的源自于中心区的放射状轴带体系。

3. 广州大都市区（即广佛大都市区）

在广佛同城化日益深化的情况下，广佛同城应当成为构建广州大都市区的重要路径。广佛地域相连、历史相承、文化同源、产业互补、交通衔接、经济社会发展水平较高，同城化发展已具备良好的基础。根据《广佛同城化发展规划（2009—2020年）》，广佛两地要发展成为都市圈同城化发展先行区和世界重要的大都市区。从通勤距离看，佛山市域基本位于广州市区50千米范围之内，因此广佛两城具有较强的通勤联系。

未来，广州大都市区要以高端服务为引领提升广州中心城区综合服务功能，以现代服务为引领提高佛山中心组团综合服务水平，推进广佛中心一体化发展，合力构筑广佛都市圈的核心，提高区域集聚辐射带动能力，成为经济最发达、人口最集聚、综合竞争力最强、承载都市圈最核心功能的战略功能区，提升花都、从化、增城、萝岗、番禺、南沙、顺德、高明、三水等地区性中心的综合服务功能，从而形成多中心格局的大都市区空间结构。

4. 深圳大都市区（即深莞惠大都市区）

深圳大都市区的空间重构重点是市域空间的北拓，推进深莞惠地区一体化。深莞惠三地在1979年之前同属当时惠阳地区管辖，之后才改撤并设深圳、东莞和惠州。历史上，深莞惠三地人缘相亲、地缘相接、文化同源，深莞惠无论在经济、社会、文化等方面均存在较为密切的联系。根据《深莞惠交通运输一体化规划》，深莞惠中心城区之间、中心城区与主要组团间将实现1小时互通，这将加快深圳大都市区的形成。鉴于深莞惠地区是珠三角地区国际化程度最高、创新能力最强和市场环境最优的地区，构建深圳大都市区将对珠三角整体竞争力的提升以及珠三角的进一步改革开放有极强的带动效应。

按照依托深圳空间结构统筹莞惠两市的空间结构的总体思路，深圳大都市区将形成以深港为核心、莞惠为两翼的“三轴三带一环多节点”的空间结构。其中，西部发展轴贯通深圳、东莞到广州，进一步强化港深莞穗作为区域发展“脊梁”的地位，中部发展轴贯通深圳至东莞到惠州博罗县，为深圳拓展区域发展空间提供了便利的条件，东部发展轴贯通深圳至惠州市区再到惠州博罗、龙门县，打通深圳到粤东的区域走廊。

第3节 大都市区行政区划与治理方法

（一）美国行政区划与大都市区的治理

美国是一个以地方自治为特色的联邦制国家。在美国，州以下的政府都泛指为地方政府，包括县（county）、自治市（municipality）、镇区（township）、学区（school district）和特别区（special district）。其中，县、自治市、镇区被称为“一般”（general）地方政府，学区和特别区则被称为“特别”（special）地方政府。美国大都市区的地域范围以县为单位，而美国绝大多数的市位于县境内，镇区在法律地位上是县政府的下属政府，在基层执行县政府的一般职能。

表 7－7　四种美国地方政府实体

地方政府	政府职能
县	州政府在地方的正式分支机构，是美国最重要的地方政治单位，承担着政治、法律、社会等多方面的职能。大都市区的地域范围以县为单位，提供从摇篮到坟墓的国家服务
自治市	具有法人地位的政治实体，实行地方自治，制定在其境内生效的地方法律、法规。美国绝大多数的市位于县境内，但与县政府没有法律上的隶属关系，市政府的职能主要涉及城市居民的公共事务
镇区	其法律地位不同于市政府，它是县政府的下属政府，在基层执行县政府的一般职能。由于大都市区范围迅速扩张，当镇人口密度提高以后，一些位于大城市郊区的镇区政府被允许扩大权限，便承担许多城市职能
学区	是在州法律的批准下设立的，区域跨越多个地方实体；校区政府具有独立的财政权与行政管辖权；在美国各类学校中，有近 90% 属于学区管理，其余则由州、县、市或镇的教育机构负责
特别区	属于独立地提供除教育之外的公共服务的政府单位，主要是用来添补其他地方政府和州政府的服务缺口。专区政府不是按地域划分，而是按服务需求和政府职能划分，不同的专区提供不同的服务（如排水区、灌溉区、卫生区、防洪区等），常常在地域上相互交叉，专区在处理跨政府的问题上发挥了较大的作用

资料来源：根据刘建芳（2013）及相关资料整理。

20 世纪以来，美国地方政府总的数量在不断上升。根据美国人口统计署的统计，“2002 年各类地方政府总数达 87525 个，平均每个大都市区有 100 个地方政府。大多数的大都市区居民至少受 4 个独立地方政府的管理和服务——一个县政府、一个市或镇区政府、一个校区、一个专区，其功能从垃圾收集到蚊蝇控制。美国大都市区在生态、经济和社会上是一个有机的统一体，但在政治结构上，却出现多中心地方政治体制的“零碎化”现象，严重危害了大都市区正常有序的发展。因此，美国大都市区的地方政府层级改革主要围绕着解决“碎化”（fragmentation）问题而开展，其对大都市区地方政府体制的改革主要有四种形式：

表 7－8　美国大都市区跨界治理模式

治理模式	具体手段	主要特点
综合性大都市政府	城市兼并	中心城市兼并郊区的某一部分，并由中心城市政府行使新区的管辖权
	市县合并	中心城市通过与其邻近的市、县相融合而扩大
双层政府体制	双层制的大都市政府	大都市政府同意处理跨越县边界的的空气污染、水污染、垃圾处理、区域土地利用规划等事务，而地方化的诸如街道照明、公园游乐场、垃圾收集等事务仍有地方政府承担
政府跨界合作	区域委员会	由县、自治市以及特区等组成的自愿性区域组织，目的是加强地方政府之间的交流、合作与协调，以便计划和执行区域性的项目和边界公共问题。比如区域规划委员会（RPCs）、政府联合会（COGs）
	政府间协议	两个或多个地方政府之间通过签订书面备忘录、合同等形式而形成合作关系
特别区	管理区、学区等	依据州法律设立、发挥有限或特殊目的的特别目的型政府单元。大多数特别区提供单一化的服务。大都市特别区提供诸如港口设施、大型运输、机场、下水道、水供应、公园、公共住房、水污染控制等服务

资料来源：笔者整理。

一是中心城市与县政府合并，成立综合性的大都市政府。这种体制是将县政府的传统功能整合到新的统一的政府当中，乡、自治市等全部或大部分被取消，县成为单一制政府。由于市县合并涉及相关地方政府的结构性改变，难度很大、成功率较低。

二是成立双层政府体制。尽管不同国家双重政府职能划分不完全一样，但它们的共同点是：上层政府主要负责具有规模经济和外部性的区域性服务，下层政府则主要负责地方性服务。这种双层政府模式可以避免规模经济与可获得性之间的冲突。在这种体制下，大都市区的主要权力向县政府集中，赋予县政府更多的管辖权，使其履行相当于大都市政府的部分职能。如佛罗里达州就将财产税的估价权从自治市转移到县政府，明尼苏达州将社会福利的职能从自治市转移到县政府。通过政府职能的转移，在一定程度上避免了大都市区服务类别的重复，从而获得某种规模经济，这是一种较为温和的改革方案。

三是建立政府跨界合作机制。比如建立区域委员会（regional councils）、签订政府间协议等方式，以开展地方政府之间的合作协调。区域规划委员会是区域委员会的一种形式，起源于20世纪20年代，其关注点是涉及多个政区单元的土地利用、经济发展和设施利用等议题。这一治理方法在大都市区跨界治理中也得到了推广和应用。不过由于该机构在功能定位上属于咨询性机构，致使其规划决策的执行力不够。

四是设立大都市特别区。大都市特别区在地理范围上涵盖一个或更多的县域范围、跨行政边界的特别区政府。在实践中，美国通过建立单一目的的大都市特别区，提供诸如港口设施、大型运输、机场、下水道、水供应、公园、公共住房、水污染控制等方面的公共服务。特别区政府在解决大都市区公共服务问题方面发挥了显著的优势和功能，已成为美国协调地方政府横向关系常规化的制度安排（陶希东，2010）。

专栏：加利福尼亚南海岸空气质量管理区（英文简称SCAQMD）

SCAQMD成立于1976年，它的成立背景源于20世纪40年代开始洛杉矶对严重大气污染的治理，这是一个跨地域的空气污染控制区和管理特别行政区，治理范围包括奥兰治县（34个市镇）、洛杉矶县（城市部分）（85个市镇）、里弗赛德县（27个市镇）、圣贝纳迪诺县（16个市镇）4个县区，面积达27850平方千米，共涉及162个城市，是美国第二大空气污染地区。SCAQMD的主要职能是统一加州南海岸的空气质量管理标准，整合行政管理资源，加强执法效能，提升整个区域的空气质量。经过几十年的持续运营，SCAQMD已成为美国大都市特别区跨界治理的经典案例。

（二）日本行政区划与大都市区的治理

日本现行的行政区可划分成两个系统，区域系统的“都道府县”体制和聚落系统的“市町村”体制。“都道府县”为第一级行政区，相当于我国的省、直辖市和自治区一级行政区，包括东京都、北海道、大阪府、京都府和43个县。在都道府县内设置“市”（东京都设有“特别区”，简称“区”）、“町”和“村”等二级聚落自治体行政区，其中町相当于中国的镇，村相当于中国的行政村。

其中，“市町村”地方政府主要进行增进居民福利、自主且综合地安排和实施本地域的行政工作，“都道府县”主要承担一些“市町村”不能单独解决、区域性或需要区域联络协调的事务，以及从规模和性质上来看不适合“市町村”承担的事务；而“市町村”作为基础自治体（commune），主要处理与所有居民生活有关的事务。

在城市层面，日本根据城市规模采用了两种不同的行政制度，一是对特大城市东京地区采用由东京都的一元化管理；二是对其他地方大城市采用下放一部分都道府县事权的分层管理方法（李燕等，2013）。具体的，在东京都内设立“特别区”、在其他府道县设立“政令指定城市”（类似于计划单列市）、“中核市”（类似于地方中心城市）以及“特例市”（类似于特区城市）。这些大中城市按规定可以分管“道府县”事权的一部分甚至大部分。“特例市”只在一部分环境和城市规划建设方面增加一些事务，而“中核市”在福利和卫生保健方面也有所扩大，而“指定城市”几乎在所有的领域有更全面的事权。

自20世纪50年代后期，日本经济有了长足的发展，首都圈和近畿圈等大都市圈急速扩张，都市圈发展过程中出现的环境问题、交通问题，跨越了都县的地方行政界限而表现出向整个都市圈逐渐扩散的趋势，而单纯依靠以前的地方政府单独解决或地方政府间简单协调的模式，难以解决这些问题。为此，日本政府通过修改法律和制定新的法律在制度创新上做一些尝试，其中，“广域行政”的跨区域行政管理体制备受推崇。“广域行政”的实现途径主要包括两种：

表7－9　日本各级政府机关的事务分工

		基础设施	教育	福利	其他
中央		▪高速公路 ▪国道（指定区间） ▪一级河川	▪大学 ▪私立学校补助（大学）	▪社会保险 ▪医师执照等 ▪医药品许可执照	▪国防 ▪外交 ▪货币
地方	都道府县	▪国道（其他区间） ▪都道府县打偶 ▪一级河川（指定区间） ▪二级河川 ▪港湾 ▪公营住宅 ▪城市化促进区域和城市化控制区域的决定	▪高中、残疾人学校 ▪中小学教师的工资和人事 ▪私立学校补助（幼儿园至高中） ▪公立大学（一部分的县）	▪生活保护（町村地区） ▪儿童福利 ▪保健所	▪警察 ▪职业训练
	市町村	▪城市规划等（功能分区、城市设施） ▪市町村道路 ▪等级外河川 ▪港湾 ▪公营住宅 ▪下水道	▪中小学 ▪幼儿园	▪生活保护（市域） ▪儿童福利 ▪国民健康歌保险 ▪看护保险 ▪上水道 ▪垃圾、屎尿处理 ▪保健所（特定的市）	▪户籍 ▪居民户口簿 ▪小房

第一种是通过地方行政组织的合并实现跨区域行政管理。通过地方行政组织的合并，可以在保持基本制度相对稳定的基础上解决政府处理跨区域事务的难题。实际上，日本在解决政府处理跨区域事务问题方面最常用的措施，就是对地方行政组织进行合并。当时日本对市町村层面的合并力度很大。市町村的数量由 1945 年的 10520 个减少到了 2010 年的 1727 个（何丹等人，2011）。

第二种是不改变既有的行政区划而实现跨区域行政管理。日本的《地方自治法》在 1947 年开始实施，这部法律对政府跨区域行政事务处理做了一些规定。例如，该法规定，政府可以事务委托、设立部分事务组合、设立协议会、共同设立相关机构等形式来处理跨区域行政事务。20 世纪 60 年代以后，人们对政府跨区域行政的需求会越来越多，政府因此也通过修改法律和制定新的法律，并且在制度创新上做一些尝试。例如，为了加快地方城市建设，在 1963 年制定的《新产业城市建设促进法》中规定，地方可设立地方开发事业团来从事跨区域基础设施的前期开发，不涉及项目建成后的管理。60 年代中期，日本根据处理跨区域行政事务的形式以设立《地方自治法》，其中规定的“部分事务组合”为主，应用的领域主要集中在道路建设、消防、垃圾和粪便处理等。1970 年自治省（现总务省）制定了《广域市村町圈振兴整备措施纲要》以推动地方政府在处理道路建设、消防和环卫等行政事务方面进行跨区域合作；《大都市周围跨区域行政圈振兴整备措施纲要》，规定人口在 40 万人以上的城市可设立跨区域行政圈，并通过设立协议会的形式来处理跨区域行政。

表 7－10　日本跨区域行政制度的基本形式

类型	《地方自治法》中的根据	概　要
协议会	第 252 条第 2 款	普通地方公共团体为了共同执行地方事务、联系协调，或是编制区域性质综合规划，经过议会表决，按照共同协议的约定设置协议会
共同设置机构	第 252 条第 7 款	普通地方公共团体经过议会表决，按照共同协议的约定，共同设置各种行政委员会、附属机构、专业委员会
事务委托	第 252 条第 14 款	普通地方公共团体经过议会表决，按照共同协议的约定，将部分事务委托给其他地方公共团体管理、执行
事务组合	第 284 条	两个以上的地方公共团体（普通地方公共团体或特别区）为了共同处理部分事务，经总务大臣或都道府县知事许可后设置
区域联合	第 284 条	两个以上的地方公共团体（普通地方公共团体或特别区）为了综合有序的处理一些适合于区域性管理的事务，编制区域性规划，经总务大臣或都道府县许可后设置
广域联合	第 284 条第 3 款	跨区域的政府可以联合的形式处理跨区域行政事务。“广域联合”与上述部分事务组合相比，政府可以处理更多的跨区域行政事务。

引自：陶希东（2014）。

除了上述跨区域行政制度外，日本首都圈还通过非法定的、非正式体制外的协议会来解决跨界治理的问题，其中既有一些以解决专业性问题为目的的区域协议会，如“东京都市圈交通规划协议会”等，也有个地方自治体的首脑所组成的联席会议形式的协议会，如“关东地方知事会”“七都县首脑会议”“首都圈港湾合作推进协议会”。这些协议会虽然没有法定的管理职能和权限，但在处理一些具体区域性问题方面，往往起到了一些实质性的协调作用。

（三）我国大都市区跨行政区治理的思路

从美国和日本的实践看，行政区兼并或合并成为了都市区扩容的重要手段，我国的经验也不例外。实际上，1997 年我国采取的撤县（市）设区、区界重组等行政区划调整手段才真正开启了中国城镇化进程的都市区化阶段（罗震东，2007）。我国的行政区划调整包括以下两种：

第一种是通过撤县设区扩大中心城市市区的范围，以达到构建大都市区的目的。1997 年开始的撤县（市）设区是拓展中心城市发展空间和扩大城市规模的关键，它使地级市政府不仅获得了被兼并县级单位的经济力量，也为中心城区的空间拓展和城市总体发展战略的制定、实施清除了政区壁垒，使各种市域综合交通体系建设和重大基础设施的选址可以更趋合理。这一时期的城市空间结构的演变基本上表现出中心城区沿并县（市）方向的迅速扩张。

第二种是通过区界重组扩大中心城市的市域范围，从促进大都市区的形成。区界重组的手段包括对一个或几个市辖区进行拆分、合并或重组，或者是将原属于县或县级市的部分空间（乡、镇）划归为中心城市的市辖区管辖。如 2005 年广州市撤销原中心城区中面积较小的东山区、芳村区，将其行政区域分别并入越秀区和荔湾区；同时进一步拆分面积较大的番禺区，根据功能设立南沙区，从白云区、黄埔区、天河区、增城市各划出一部分行政区域组建萝岗区。边界重组的综合成本要小于撤县设区，是解决空间利用不集约、政府公共服务供给能力下降等治理结构问题的重要手段。

而随着我国很多大城市进入大都市区化的发展阶段，传统意义上的城市空间也已逐步演变成为更为广阔、更为复杂的大都市区空间，但由于受到“行政区经济”的阻隔，区域内地方政府之间的经济、社会和环境等冲突日益明显，如何实现跨行政区的政府合作和区域治理是摆在面前的一道难题。我国跨区域治理的模式除了上述的行政区划调整，还表现为非正式区域协调机制和上级政府规划指导。

表 7－11　我国跨区域治理模式

治理模式	治理措施	典型案例
正式的行政区划	如撤县（市）设区式辖区合并	北京撤销大兴县、怀柔县、平谷县，设立大兴区、怀柔区、平谷区；上海撤销奉贤县、南汇县，设立奉贤区和南汇区；广州撤销番禺市和花都市，成立广州市番禺区和花都区等
非正式区域协调机制	如省（市）长联系会议、领导小组会议、城市联盟、城市协调会等	长三角城市经济协调会、广佛肇市长联系会议、珠中江区域紧密合作联系会、深莞惠联席会议及其签署的合作框架协议等
上级政府的规划指导	跨省、市、县的区域规划	《珠三角地区改革发展规划纲要（2008—2020）》、《长江三角洲地区区域规划》、《京津冀协同发展规划纲要》

引自，尹来盛等，2014。

从我国大都市区治理的实践来看，无论是行政区划的调整，还是非正式区域的协调机制，抑或上级政府的规划指导，都表现出浓厚的行政色彩，非政府组织、企业、个人等在其中的作用还不显著，表达途径还不顺畅。我国的大都市区还未真正从统治过渡到治理。为此，可以借鉴美国和日本的跨行政区区域治理经验，从以下几个方面着手，以推动我国“行政区经济”向“跨界区域经济”的转型，促使我国大都市区治理水平的提升。

（1）科学合理的划分各级政府之间的职能。根据美国和日本的经验，地方政府具有较高的自治权，经过长期探索和实践，这些国家从法律上给地方政府职能分工做出了规定，相对合理的职能分工是实现大都市区有效治理的根本。经验表明，超出县市行政边界的区域性事务一般划归大都市区的一级政府或特别区来管理将会更有效率，比如，如区域性基础设施的协调建设、环境保护、农业发展、土地开发管理等职能。需要指出的是，由于中国不同城市之间巨大的经济、社会、文化和制度差异，因此要设计一个适用于所有大都市区的事权模式是不合适的。因此，需要给大都市区政府一定的自主权，来发展最适应其特定情况的模式和结构，并把规定的职责和它们的支出与收入分配明确地联系起来。

（2）尽快建立统计意义上的大都市区的界定标准并启动相关的大都市区规划。大都市区首先是一个统计概念，各国首先也都是针对其人口、就业、交通、经济、环境等指标在统计上做出判断。建立大都市区概念和界定标准并制定大都市区层面的规划，有利于打破目前我国以行政区划为主导的经济社会规划。因此，应当在国家层面修改《城市规划法》和草拟《城乡规划法》中，加入相关内容，或者在一些条件较为成熟的沿海城镇密集地区先行制定相应的地方法规。在这个过程中，为打破行政区划的限制，根据大都市区的规划而进行必要的行政区划调整，这就需要中央在行政区划领域进一步改革，以对接中国大都市区发展的需要。

（3）根据美国特别区的经验，可在东部发达地区试行一种以大都市区为边界“跨界功能区或新特区”（跨省或跨市县的）。根据我国的实践，规划是一项非常有效而实用的手段和方法，因此可优先在试点的大都市区的规划领域设立“跨界规划特别区”，以此作为突破口，率先推动城市区域规划管理体制创新，促使大都市区内各地方政府（比如地级市之间）相关领域规划之间的充分对接和整合，最大程度地整合资源，减少不必要的低效、重复建设。为了确保

“跨界规划特别区”的有效运转，这些跨界新特区应定位为政府机构，并依附或借助其所在地的省级政府的力量来进行监督和协调，特别区主要为省政府负责，协调不同市县政府关系，使跨界规划得以真正贯彻落实。比如，虽然美国保持着分权传统，但其跨界治理的一个重要特点就是加强政府对区域发展和区域性事务的介入，这表明上级政府的适度合理干预是跨界治理有效性的重要保障。

（4）通过非法定的、非正式体制外的协议会来解决跨界治理问题。某些跨省大都市区（如上海大都市区就可能包括江苏、浙江的某些县市）或者跨省两个或两个以上大都市区之间的协调发展问题通常比较棘手，而目前情况下，再独立构建一个跨省级的、具有行政地位的组织的可能性并不大。而形成自下而上的地方联合协会的组织形式的必要性和可能性更大一些。为此，可建立一个高度精简的机构，由各大都市区、省（市）政府、工商、学术界的若干代表组成委员会作为其最高决策机构。在此委员会下设若干专门委员会，其委员由专家及相关代表组成，集中解决具体某一项区域性协调的问题，并向大都市区联合委员会负责。其次，多个大都市区的联合协调组织不仅是作为地区协作的咨询机构，还应当拥有一定的实权，包括对区域规划、区域性金融安排具有一定的支配权。

Rethinking China's
Urbanization and Metropolis

·第八章· 中国特大城市未来发展的政策建议

Rethinking China's Urbanization and Metropolis

随着社会经济的发展和新型城镇化建设的政策导向，我国名义城市化率①逐年提升，2011 年首次超过 50%，2015 年进一步提升至 56.1%②。且常住人口超过 500 万的特大城市名义城市化率更是高达 80% 以上。但数字繁荣的背后，是特大城市在名义城镇化率和实际城镇化率③的背离、是常住人口和户籍人口在社会保障上的倒挂和制度鸿沟，更是政府在公共服务和城市管理上的严重滞后。

根据《国家新型城镇化规划（2014—2020）》的要求，到 2020 年常住人口城镇化率达到 60%、户籍人口城镇化率达到 45%，并将城镇化水平和发展质量稳步提升作为重要目标。按照国家对新型城镇化建设的要求和国际特大城市的建设经验，我国特大城市需在实际城市化率、基本公共服务、基础设施和资源环境等方面实现质的提升。按照城市发展规律和结合我国特大城市的实际问题，本部分从城市规模、行政管理层级、资源配置和管理模式上提出相关政策建议。

---

① 名义城市化率为城镇人口占常住人口的比重

② 《国家新型城镇化报告 2015》

③ 实际城镇化率为户籍人口占常住人口的比重

第1节

打破人为设限，遵循发展规律

根据经典的经济学理论，区域人口流动的主要因素是地区经济发展水平差异、公共服务差异、劳动力需求及待遇差异引起。这些差异使人口逐渐向工作机会良好、教育资源充裕、基础设施齐全、社会保障完善和经济发展水平高的城市集中，这些城市由于人口的不断流入，逐渐形成了人口规模庞大的特大城市，并且由于城市分工日益细化、经济实力和管理水平的不断提升，人口对城市的依赖程度不断提升，吸引更多的人口向城市集中，使城市规模进一步扩大，如我国京、津、沪三大直辖市2000—2010年，常住人口平均年增长率为39.53%。

城市规模随经济发展和人口聚集不断扩大，是市场选择的结果。要实现经济的健康发展和人口的合理流动，需遵循城市发展规律，不应对城市发展人为设限。

（一）不以控制人口数量为目标

（1）从特大城市发展的趋势看，城市的最优规模是人口、资源和环境的协调健康发展。这种“最优”是相对概念，城市的面积是可动态调整的，城市应随着人口的不断集聚而不断从规模和效率上提升承载力，而不应以划定人口规模作为城市发展的最优规模线。人口是城市生存和发展的基础，为城市建设提供源源不断的劳动力，保持城市的整体活力，减缓老龄化速度，并随着资本的广化和深化，促进整个经济社会的发展，城市的发展应以人口集聚的速度和质量进行衡量，不宜将限制人口规模作为发展目标。

（2）从社会管理的公平性看，特大城市也不应对城市人口设置“天花板”。人口的自由流动不仅关系劳动力资源的合理配置，在社会管理中更与权利的自由选择紧密相关，特大城市在发挥对全国资源的虹吸式效应后，获得了巨大的发展，从社会管理的公平性看，人口选择向优质资源流动是个人的自主选择，特大城市若在“虹吸”了全国优质资源后，限制外地人口的流入，则不仅违背了市场配置资源的经济规律，更损害了社会管理的公平性，不利于城市的长远发展，如果考虑城市短期承载能力，则应遵循市场规律，由市场发挥基础性的作用对生活成本、工作机会等进行调节，让流动人口根据自身的就业、收入、迁移成本等做出流动决策，这既符合经济规律，也符合社会管理要求。

我国的例证也说明特大城市发展不应、也不能以控制人口数量为目标。数据显示，对人口流入严格限制的北京和上海人口增长率高达40%以上，其中上海2014年常住人口已达2415.27万人，而按上海的规划，到 2020 年人口“天花板”为 2500 万人，狭窄的人口增长空间、上海迅速发展的经济社会状况和亟需缓解的老龄化问题相矛盾。

（二）实现要素自由流动

特大城市的实力主要体现在对要素的配置和资源的吸纳、支配力上，要增强特大城市的辐射带动力，发挥对区域及全国的影响力，需保证要素的自由流动。

经典的经济学理论认为，具备流动性的要素主要是劳动力和资本；新古典宏观经济学认为，促进经济发展的要素不仅有劳动力、资本和土地，还包括技术，而技术是随劳动力流动的。要素的自由流动可实现资源的有效配置，对经济发展有促进作用，社会的发展历程也证明了这一观点：英、美、日三国的城市在工业化的进程中，劳动人口的产业分布先后由农业社会的一、二、三产业结构向工业化阶段的二、三、一产业结构转变，并逐渐完成了向后工业化阶段的三、二、一产业结构的调整，人口在产业间的不断流动，促进了经济的发展。同时，城市主要向二、三产业发展，因此人口流动也体现出由农村向城市聚集的特征，这种允许人口在产业和地区间的自由流动，既实现产业结构的升级，也实现了劳动力和技术的合理配置。

我国特大城市的发展更要求要素的自由流动。由于长期的制度分割，我国在农村和城镇之间长期存在明显的二元结构，农村和城市之间的收入剪刀差随着特大城市的发展而不断扩大，根据刘易斯和托达罗等人的观点，人口流动的主要原因是收入差距引起，西方发达国家通过人口的不断流动，减少了社会矛盾，促进了劳动力的流动和实现技术的外溢效应，而我国长期执行严格的户籍管理，造成农村人口很难融入城市，特大城市要实现劳动力资源的自由流动，提高技术的外溢效应，则应消除人口流动的人为限制，实现人口在乡—城之间的自由流动，促进社会的整体发展。

（三）城市就业的“金字塔型”结构

“金字塔型”无论在自然科学还是社会科学中均是最稳固的结构，特大城市在经济不断发展、人口不断聚集的过程中，为保证产业结构的优化和社会的稳定，需要建立起稳定的“金字塔型”就业结构：首先，实现第一、第二产业从业人员向第三产业转移，逐渐提高第三产业从业人员占比；其次，随着科技的进步，劳动者素质不断提高，高素质人才比重不断提升，但产业工人仍应占据就业人员的绝大多数，以满足生产需求和保障社会稳定。

尽管2010年我国新增劳动人口的比重出现下滑，但我国仍然是劳动力大国，就业依然是地方政府的工作重点，根据2015年人社部数据显示，城镇新增劳动力约1500万人，其中中专、技校、初高中毕业后不再升学的学生，及需要转移就业的农村富余劳动力占比约50%，这意味着解决就业仍然是城市，尤其是特大城市的工作重点。因此，为增加就业岗位、确保城市平稳健康发展，也仍需发展劳动密集型产业，建立以劳动密集型产业为基础，资本和技术密集型产业为引领的“金字塔型”产业结构，从产业结构上确保就业安全。

特大城市建立“金字塔型”就业结构，还能缓解我国不断的人口老龄化问题。根据2016年最新统计数据显示，31个省老龄化最严重的是川、渝、辽、苏，而最年轻的是广东，大量的年轻劳动力流入，使广东省的老年人口抚养与常年相比保持低位，而上海和北京在2004年分别是全国老龄化排名第一和第四的地区，由于这两年庞大的劳动人口流入，稀释了老年人口的抚养比，上海2015年的抚养比由20.13%下降到了16.47%，降幅最明显，北京的抚养比则下降到第十七位，这些数据也充分说明，建立起“金字塔型”就业结构，容纳年轻的、缺乏工作经验的流动人口的流入，可放缓特大城市的老龄化进程，保障城市社会的发展后劲，同时还能实现社会保障的资金积累，缓解由于老龄化所带来的养老金支付风险。

因此，城市就业的“金字塔型”结构包括产业结构的“金字塔型”结构、要素密集型的“金字塔型”结构和人口年龄结构的“金字塔型”结构，这种稳定的就业结构能不断吸纳劳动力的流入，提升特大城市对资源的吸纳能力和增强对经济发展的驱动力。

（四）改革地方政府考核和激励机制

长期以来，我国过度的把GDP作为地方政府官员政绩考核和升迁激励的主要依据，使得各地政府对地方社会管理存在不同程度的缺位、越位和错位干预现象，片面追求GDP反映的经济增长速度。

从社会发展看，近年来强调产业机构优化升级，大力发展资本和技术密集型产业，劳动力密集型产业发展的空间被人为挤压，引起就业岗位的减少和对低技术劳动力需求的降低，而我国大量新增劳动力由于缺乏足够的教育经历和技能，向就业机会多的城市，尤其是特大城市流动后，发现劳动力市场需求和自身技能并不匹配，城市普遍存在“就业难”现象，这也要求地方政府转变单纯追求经济增长的目标，而从制度上确保地方政府施行不唯GDP的治理模式，要求转变对地方政府的考核和激励机制。

从经济发展看，随着经济社会发展，经济规模不断扩大，但产业结构在升级过程中，存在产业间的转换和产业内部的调整，使产业总体规模的增长出现暂时的放缓和停滞，为调整地方政府单一的经济发展目标、实现社会的协调发展，应将特大城市在发展过程中需重点关注的社会保障、环境治理、产业结构、人口结构等纳入政府的考核和激励机制，促使地方政府允许经济适度的调档换速，给产业的优化升级提供时间窗口，以实现社会的包容式增长。

当经济发展到一定程度后，人们会追求安全的就业环境和更优质的生活条件等，这是由社会发展层次不断提高决定的。促进特大城市健康发展，也需遵循这一发展规律，改革地方政府以 GDP 作为单一考核指标的机制，综合考虑城市发展过程中产业、人口、社会保障等因素，全面反映地方政府治理下，城市的真实经济社会发展水平。

第 2 节

改革城市行政管理层级

特大城市在发展过程中，经济实力不断增强，尤其是北上广深，已成为引领和带动我国经济发展的核心城市，逐渐以城市群、都市圈的形式拉动全域经济发展，形成体量巨大的经济体。但北京、上海属于直辖市、广州属于省会城市、深圳属于副省级城市，这些特大城市的行政层级与周边城市形成了制度、政策和财政上的人为分割，尽管市场力量使区域间的经济联系不断增强，但行政层级限制了劳动力的流动和产业的互动。同时，特大城市经济实力的增强，也要求中央和地方政府间提升信息沟通和传递效率，特大城市的进一步发展要求改革城市行政管理层级，放宽对特大城市空间和政策上的限制，以此来提升特大城市的发展空间。

（一）调整行政区划

为提高行政效率、有效将国家政策转化为地方措施，可考虑在特大城市发展到一定程度时，设立小省、增设直辖市和建立大区协调机制，理顺特大城市与中央和所处地区的关系，尤其重视财政体制改革，实现财权事权相统一，以实现中央对特大城市的有效管理，进一步提升特大城市的管理能力和辐射带动力。

扁平化管理体制相对于垂直型管理体制具备更高的协调性，能有效杜绝由于行政层级过多导致的部门间、层级间及区域间的权责不清、互相推诿、政策信息传递失真等问题，针对我国特大城市发展的不同阶段和与所在省份及周边城市间的经济社会关系，进行差异化的行政区划调整，逐步增强中央与特大城市间的联系，实现向扁平式的行政体制转变。

（二）改革条块分割、资源分级配置的行政体制

特大城市在不断发展的过程中，要求通过调整财政体制，改变由于现有行政体制的制约造成的资源配置不合理和人为的区域条块化隔离问题。

特大城市对周边的城市具有强大的辐射带动力，如上海对长三角地区城市的辐射力、北京对京津冀的辐射力，以及深圳对珠三角的辐射力，均体现了特大城市对周边地区的强大影响力，但这种影响力也存在差异：上海对长三角具有明显的外溢效应，北京则反映出显著的虹吸效应，均超越省际，与周边城市形成了经济圈；而深圳由于强大的经济、科技实力，与省内城市也形成的紧密经济圈。特大城市与经济圈的发展要求实现区域一体化，核心是基本公共服务的均等化，要实现这一目标，需要重点解决的即是现有行政体制下形成的条块分割、资源按分级配置的问题。

第 3 节
按常住人口配置资源

人口是城市发展的源泉，我国城市长期以来以户籍人口规模配置公共服务、规划城市发展空间和基础配套设施。特大城市对劳动力具备强大的吸引力，大量非户籍人口长期生活、工作在城市里，促进经济发展的同时，也对城市的管理提出了严峻的挑战。为满足特大城市的实际发展需求，提高城市管理的效率，应以城市的常住人口规模、结构和分布对公共服务、基础设施等资源进行配置，实现特大城市经济社会的协调发展。

（一） 建立以常住人口为基准的统计体系

为实现按常住人口配置资源，首先要实现对常住人口的有效统计，要求人力资源和社会保障部门及街道、社区等提高对常住人口的服务能力，准确统计常住人口的规模和特征。在此基础上，建立以常住人口为基准的统计体系，准确衡量城市在提供住房、教育、交通、医疗卫生等方面的能力，为正确考量地方政府提供基本公共服务的能力奠定基础。

（二）人户分离，按常住人口配置公共资源

直面人户分离现实，理清流动人口中常住人口的比重，以常住人口提供社会医疗、养老保险，配置教育、交通、医疗等基础设施，保证社会的公平，来增强政府公共服务的弹性。

特大城市吸引了大量劳动力的流入，但由于现有城市管理模式对特大城市人口进行严格限制和管理，在这些城市中存在大量的非户籍人口，在提供产业发展生力军的同时，也要求城市为其提供合理的基本公共服务。但我国的户口登记条例规定：①户口登记以户为单位；②公民应在经常居住地登记为常住人口；③一个公民只能在一个地方登记常住户口。随着劳动力向特大城市的不断集聚，人户分离现象急剧增多，大量劳动力以流动人口形式存在，既影响了普查数据质量，更无法使城市实现有效管理。

第 4 节

城市系统管理改革

城市管理是一个复杂的系统工程，涉及城市管理的多个部门，包括发改、国土、规划、环保、工商、交通等，运用决策、组织、计划和实施等一系列机制，通过经济、法律、行政等手段，协同政府、社会和市场力量，对城市中的基本社会保障、公共基础设施、公共服务设施和其他公共事务进行规划和管理，引导城市的健康发展。特大城市在发展过程中，土地约束、人口压力、环境制约等问题日益突出，如何拓展特大城市在纵向和横向上的发展空间，成为特大城市亟需解决的问题，面对产业空间、交通配套、环境保护、资源短缺等压力，需对城市系统管理进行改革。

（一）超前制定战略性规划

城市的发展是动态调整的过程，国际上城市的演变经历了城市化、郊区城市化、逆城市化和再城市化等阶段，我国特大城市在借鉴国际经验时，需根据自身发展特点，对人口规模、老龄化特征、产业布局的集中和分散等进行科学研判，超前制定战略性规划，提前布局交通、医疗、教育等公共资源，引导人口的合理流动，配合产业的集聚和转移，顺应经济发展和城市演变的要求。

（二）全面提升城市承载力

特大城市的进一步发展，需要提高地方政府的管理能力，实现城市系统管理的调整和改革，从纵向上提升城市的承载能力。我国城市凭借充裕的资源，通过粗放式发展实现了城市规模的扩张，现阶段城市开发已达较高水平，根据2014年的统计显示，我国特大城市中，北京、上海、广州和深圳的城市土地开发强度已超过国际生态宜居、宜业线，上海和深圳更是超过了国际生态宜居、宜业的警戒线，这说明城市需由粗放式的开发模式转向集约式发展，从提升城市系统管理能力上，挖掘城市资源对人口、产业等的承载空间。

（三）提高城市管理技术水平

我国城市经历了“重建设，轻管理”的发展阶段，随着城市发展空间约束的提高，要实现城市系统管理能力的提升，需提高城市管理部门的管理技术水平。

一方面，城市管理部门之间要建立协同机制，避免因行政层级过多、部门权责划分不清、片区发展缺乏协作等造成的城市区域间发展不平衡、管理部门权责不清、决策制定和执行缺乏效率和信息传递失真等问题。

另一方面，准确划分城市管理职能部门之间的权责，实现“多规合一”，提高城市核心管理部门的管理能力。城市系统管理涉及发改、国土、规划、环保等部门，各个部门在城市开发与管理过程中存在纵向传导不利、横向衔接不畅等问题，造成部门间“多规”分立和冲突加剧，使城市建设、开发和管理出现权责混乱、资源浪费、建设隐性成本高昂、生态用地被蚕食等现象，通过“多规合一”，可协调城市各个管理部门间的协同关系，提升政府对城市发展空间的治理能力，统筹实现全域协同发展。

观点梳理

如何看待城市化进程中政府的作用

政府应尊重城市发展的规律

绝大部分文献认为，城市体系的合理化首先应尊重市场规律，在生产要素自由流动的前提下，在企业自主选址和劳动者自由迁徙的条件下，在集聚效应和拥挤效应的权衡机制下实现。市场让一些城市繁荣、吸引更多人才的流入，同样也使一些城市破落、成为人才净流出地区，这是市场经济配置资源的结果（陆铭，2015），是城市发展的经济规律（李华芳，2016）。

特大城市的形成是经济的必然规律。大城市的聚集效应使其具有更好的经济效益和更多的就业机会，吸引人口和产业向大城市集中；城市化进程自然趋向于大城市（特别是其中的特大城市）更快发展。这个是全球性的普遍规律，如日本的东京、韩国的首尔、英国的伦敦等等。我国北京、上海、深圳等中心城市，资源利用效率高，创新资源丰富，且已经聚集了大量优质人才，自然会吸引更多人继续聚集。如果人为地改变这一规律，采用行政手段迫使资源向小城市和小城镇转移，无疑会减慢城市化的进程，并导致资源配置效率下降。城市治理者要尊重城市发展的规律。

政府如果不尊重城市发展的经济规律，强行严控城市规模，会带来一系列不良后果。严控城市规模会使土地供应不足，推高房价；户籍控制和高房价会推升企业的人力成本，对于一些起步阶段的高科技公司，这会抑制创新、拖累经济；包括户籍政策在内的很多阻止人口流向大城市的政策，其实施效果实际上加大了该城市的贫富差距，也会降低该城市居民的生活效率与质量，一个城市的发展离不开各个学历层次与各个行业的人，否则会导致城市里的“用工荒”，推高城市的保姆、家政行业的价格水平（梁建章，2016）。

然而，在特大城市的发展中，单纯依靠市场规律可能会有失灵或者效应滞后的现象，带来如“城市病”等系列问题，此时可能需要政府给予必要的支撑与补充。这也是一个引起广泛争论的问题，即，在城市发展中，政府与市场的边界在哪里？不同专家、学者、政府人士对此提出了自己的观点与建议。

1. 完全由市场规律决定

一类观点认为，政府应完全归权于市场。特大城市的形成是规模收益递增的经济规律作用的必然结果，行政因素的干扰导致市场信号失灵，使聚集与扩散不能遵从经济规律。

一方面，特大城市人口有其必然增长的规律，人口增长主要与产业及经济增长相关，城市吸纳人口能力的强弱是城市竞争力的具体表现。大城市人口的快速扩张只是城市化和快速发展的阶段性现象，城市并不会走向“人口爆炸”，特大城市人口机械增长的高峰期已过，将面临长期劳动力短缺，如今除了北京人口在持续增长外，其他特大城市都不存在人口控制的必要，然而，在中央权力较强的中国，人口向首都聚集是一种必然（陆铭，2013）。2003年出现的民工荒也让城市治理者认识到城市的发现主要不同层次的人口资源，不仅仅只有高层次人才是城市发展的资源，外来劳动力资源也有其重要价值（周晓津，2016）。

另一方面，资源环境承载力已作为成本因素在其范围之内。所以资源环境承载力不应成为制定相关政策的依据，也不是其限定因素。引起聚集的经济动因是“规模收益递增”，当“规模收益递减”的拐点到来时，特大城市问题会逐渐得以解决。针对高房价、空气污染与糟糕交通状况等“城市病”问题，有学者认为“城市病”与人口之间并不存在必然的关联，不能简单地认为城市病与城市规模是正相关关系，更不能将阻止城市规模的扩张作为治理“城市病”的政策，“城市病”究其根本原因，在于空间结构不合理。越大的、人口密度越高的城市，人均拥有汽车的数量反而较少，原因在于其人口密度高，人口众多，有利于高效率发展公共交通。已有的定量研究也发现，人口密度和人均碳排放两者是负相关的，高密度的大城市反而有益于实现高效的污染治理与工业污染的减排（陆铭，2016）。并且，此类问题也并不需要政府来解决，因为恰恰是房价与交通时间，构成了一国城市体系达到均衡的机制，如果在大城市生活只有好处，没有代价，一定会吸引更多人前来，从而导致房价进一步上升和交通拥堵度进一步提高，政府越是花大时间去提高城市生活质量，城市就会越大，东京就是这样的（陆铭，2016）。

2. 政府给予适度补充

另一类观点认为，政府应给予适度的补充，当市场机制失灵的时候，需要政府介入。即便市场可以自我调节，但调节速度过慢，也需要政府的介入以提高效率。

有学者提出城市人口有一个最优规模，城市的净聚集效应与其规模呈倒U型关系（Au & Henderson，2006）。城市规模过大会导致负外部效应上升，外部成本至少有相当一部分需要由政府负担（如需要由政府来治理环境、清除污染，改善基础设施以解决交通拥堵问题，付出更大成本解决城市治安问题等），而居民和企业感受较多的是正外部效应（较高的工资、较容易找到工作、较方便的生活条件、较充分的信息交流、较高的投资回报等），这导致的收益和成本负担不对称，会吸引资金和人口的过度流入，使城市超过最优规模，净收益下降。也就是说，在存在外部成本和外部收益的情况下，市场的自发调节仍然是重要的，但并不总是导致最优结果（王小鲁，2010），从而需要政府的介入。

作为城市治理者的政府，其面临挑战主要有：怎么有效地管理城市的交通与环境；不同宗教与文化的移民怎么在一个大城市里能够更加有效、和谐地共生、共赢（陆铭，2016）。对此，有学者认为提升政府的技术与管理水平才是根本（陆铭，2013b）。

政府具体可以从如下几方面提升针对特大城市的治理水平：

（1）制定合理的城市发展政策。为城市常住人口，而不仅仅是户籍人口提供均等的公共服务，保证城市内部人群，包括本地人和新移民的所有居民，也包括在一个城市内部的中心城区和外来移民比较集中的郊区的居民之间拥有平等的公共福利，以此对抗由城市发展所带来的收入差距的扩大。持续进行人力资源投资，从而适应未来产业升级的需要，包括农村6100万留守儿童的人力资本积累发展。通过大型、快速、便捷的城市交通，缓解城市的拥堵问题、有效的土地利用和基础设施问题，通过紧凑型的城市发展规划来缓解通勤的需求增加。在环境保护方面，可以通过调整产业结构，发展轻型服务业和低能耗产业；考虑征收拥堵费、市中心征收更贵的停车费，以减少开车出行的需求。

（2）制定合理的区域发展政策。通过人口的自由流动顺应国家的市场整合和城市体系演化的客观规律，同时在地区之间进行适度的公共服务均等化，适度降低人口从公共服务很差的地区流向公共服务好的大城市。地区之间公共服务的均等化可以适度起到缓解人口向发达地区流入的趋势，但它不是决定性的，对移民方向起决定性作用的仍然是收入和就业。

（3）发展大都市圈，构建“多中心”空间结构。弗里德曼提出，大都市区是城市地域空间形态演化的高级形式，是城市化发展到一定程度的必然结果。在大中小城市和小城镇协调发展的基础上，充分发挥中心城市的带动与辐射作用，发展一批具有世界竞争力的大城市群或大都市圈（陆铭、向宽虎、陈钊，2011），在周边地区大力发展次级中心城市或者新城，形成“多中心”的空间结构（宋迎昌，2016）。中国（深圳）综合开发研究院常务副院长郭万达提出，建立大都市圈，是解决特大城市目前发展困境的一条重要解决之道，他建议深圳可以基于已有的与东莞、惠州产业协作，继续加强内部协同合作，整合“深莞惠”，提升区域一体化水平，直至形成一个高密度的“深莞惠”都会区（郭万达，2016）。日本政府就曾试图提出为数众多的方案和措施，减缓人口向大都市区的进一步集中，重新规范这些大都市区的空间分布，但人口向大都市区集中的趋势有增无减。

（4）增加城市土地供给与城市开发力度。如杭州和广州的土地供应比较充足（相对于深圳、南京等城市来说），就比较好地抑制了房价的上涨。中国的北京、上海和广东都有充足的可开发的土地。北京和上海的建成区只有可开发面积的20%到30%。新加坡的国土面积大约是上海的1/10，人口却大约有上海的1/3，而且还是个花园城市。在北京和上海留出耕地，反而去占用偏远地区的耕地大力开发中小城镇，从国家整体来看，这种做法严重浪费土地资源，降低了土地使用效率（梁建章，2016）。

3. 政府应严控特大城市规模

也有一小部分专家认为，特大城市普遍会出现城市病、收入差距扩大等问题，从而应控制特大城市人口的规模，实现东西部地区、大城市与小城镇的均衡发展。持此种观点的专家认为，一方面，互联网等技术的发展改变了产业发展的方式，城市的经济发展并非只有通过聚集这一条路可以实现。另一方面，解决特大城市发展中面临的种种困境，只能通过严格控制城市规模来实现。只靠扩大城市规模来扩充城市人口容纳能力的发展思路是行不通的，因为城市扩张的速度还是赶不上人口涌入的速度，例如北京地铁线不断拉长，但地铁拥挤程度依旧。此外，追溯中国北上广深等特大城市的形成历程后发现，这些特大城市的形成并非由经济规律主导，而主要获益于国家政策庇护的红利（李俊慧，2016），因此应控制这几个特大城市的继续扩大。

参考文献

[1] Au, C. and Henderson, J. V., 2006, Are Chinese Cities Too Small, *The Review of Economic Studies*, 73 (3): 549 – 576.

[2] Ciccone, A. and Hall, R. E., 1993, Productivity and the Density of Economic Activity., *American Economic Review*, 86 (1): 54 – 70.

[3] Rauch, J. E., 1993, Productivity Gains From Geographic Concentration of Human Capital: Evidence From the Cities, *Journal of Urban Economics*, 34 (3): 380 – 400.

[4] [美] 乔尔·科特金. 全球城市史 [M]. 北京：社会科学文献出版社，2010.

[5] World bank, 2009, World Development Report: Reshaping Economic Geography.

[6] [法] 费尔南布罗代尔. 15 至 18 世纪的物质文明、经济和资本主义 [M]. 北京：生活·读书·新知三联书店，2002.

[7] 成德宁. 城市化与经济发展：理论模式与政策 [M]. 北京：科学出版社，2004.

[9] 范剑勇. 产业集聚与地区间劳动生产率差异 [J]. 经济研究，2006 (11).

[10] 龚唯平. 马克思城市化理论探微 [J]. 产经评论，2001 (7).

[11] 辜胜阻，简新华，当代中国人口流动与城镇化 [M]. 武汉：武汉大学出版社，1994.

[12] 李华芳. 尊重城市发展的规律 [J]. 财经, 2016 (48).

[15] 陆铭. 东京、台北、上海——亚洲大都市的规模与活力 [J]. 博鳌观察, 2013 (3).

[16] 陆铭. 重思 "城市病"[J]. 中国经济报告, 2013 (2).

[17] 陆铭. 人口净流出不一定是坏事 [J]. 新城乡, 2015 (2).

[18] 陆铭. 大国其实不需要那么多中小城市 [J]. 东方早报, 2016.

[19] 陆铭, 向宽虎, 陈钊. 中国的城市化和城市体系调整: 基于文献的评论 [J]. 世界经济, 2011 (06).

[20] 马克思, 恩格斯. 马克思恩格斯文集 (第1卷) [M]. 北京: 人民出版社, 2009: 556.

[21] 马克思, 恩格斯. 马克思恩格斯文集 (第1卷) [M]. 北京: 人民出版社, 2009: 565-566.

[22] 宋迎昌. "十三五" 时期的特大城市治理 [J]. 中国经济报告, 2016 (01).

[23] 王小鲁. 中国城市化路径与城市规模的经济学分析 [J]. 经济研究, 2010 (10).

[24] 俞可平. 治理与善治 [M]. 北京: 社会科学文献出版社, 2000.

[25] 周晓津. 特大城市人口规模调控对策 [J]. 开放导报, 2016 (01).

[26] 朱杰. 人口迁移理论综述及研究进展 [J]. 江苏城市规划, 2008 (7): 40-44.

[27] 刘金源. 农民的生存伦理分析 [J]. 中国农村观察, 2001 (6): 50-53.

[28] 胡晶. 浅析生存伦理下的农民流动 [J]. 新西部 (下旬. 理论版), 2011 (Z1): 69.

[29] 沈体雁, 劳昕. 国外城市规模分布研究进展及理论前瞻——基于齐普夫法则的分析 [J]. 世界经济文汇, 2012 (5): 95-111.

[31] 刘建芳. 美国城市化进程中人口流动的特点及影响 [J]. 新疆师范

大学学报（哲学社会科学版）. 2004, 25 (3): 124 - 127.

[32] 张恺悌. 战后日本的国内人口迁移 [J]. 人口与经济, 1987 (1): 48 - 53.

[34] 王开科, 王开泳. 基于修正 Keyfitz 城镇化模型的我国乡城人口净迁移比率研究 [J]. 经济地理, 2014, 34 (9): 27 - 32.

[35] 武晓鹰. 人口-经济结构转变模式的国际比较 [J]. 世界经济, 1987 (5): 42 - 48.

[36] 张季风. 战后日本剩余劳动力流转移及其特点 [J]. 日本学刊, 2003 (2): 79.

[37] 王新华, 戴维周. 人口流动与产业结构升级的相关性分析 [J]. 南京人口管理干部学院学报, 2006, 22 (4): 57 - 61.

[38] 胡兆亮. 大城市的超前发展及其对策 [J]. 北京大学学报（哲学社会科学版）, 1986 (5): 116 - 120.

[39] 饶会林. 试论城市规模效益 [J]. 中国社会科学, 1989 (4): 3 - 18.

[40] Glaeser, E. L. 为什么全球化导致了更大的城市 [N]. 白天编, 译. 21 世纪经济报道, 2009: 05.

[41] [美] 迈克·戴维斯. 布满贫民窟的星球 [M]. 潘纯林, 译. 北京: 新星出版社, 2009: 7.

[43] 吴良镛, 等. 京津冀地区城乡空间发展规划研究 [M]. 北京: 清华大学出版社, 2002.

[44] 文魁, 祝尔娟, 等. 京津冀区域一体化发展报告 [M]. 北京: 社会科学文献出版社, 2012.

[45] 黄平. 寻求生存——当代中国农村外出人口的社会学研究 [M]. 昆明: 云南人民出版社, 1997.

[46] [美] 道格. 桑德斯. 最后的人类大迁徙与我们的未来 [M]. 陈信宏, 译, 上海: 上海译文出版社, 2014: 07.